跨文化商务翻译策略研究

王芮清◎著

中国财经出版传媒集团
中国财政经济出版社
·北京·

图书在版编目（CIP）数据

跨文化商务翻译策略研究 / 王芮清著. -- 北京 : 中国财政经济出版社，2024. 12. -- ISBN 978 - 7 - 5223 - 3331 - 1

Ⅰ. F7

中国国家版本馆 CIP 数据核字第 2024WZ3020 号

责任编辑：庄　莉　　　　责任校对：胡永立
封面设计：孙俪铭　　　　责任印制：史大鹏

跨文化商务翻译策略研究
KUAWENHUA SHANGWU FANYI CELÜE YANJIU

中国财政经济出版社 出版

URL：http：//www. cfeph. cn
E - mail：cfeph@ cfeph. cn

社址：北京市海淀区阜成路甲 28 号　邮政编码：100142
营销中心电话：010 - 88191522
天猫网店：中国财政经济出版社旗舰店
网址：https：//zgczjjcbs. tmall. com
中煤（北京）印务有限公司印刷　各地新华书店经销
成品尺寸：170mm×240mm　16 开　12. 75 印张　200 000 字
2024 年 12 月第 1 版　2024 年 12 月北京第 1 次印刷
定价：60. 00 元
ISBN 978 - 7 - 5223 - 3331 - 1
（图书出现印装问题，本社负责调换，电话：010 - 88190548）
本社图书质量投诉电话：010 - 88190744
打击盗版举报热线：010 - 88191661　QQ：2242791300

前　言

本书不仅仅是一本关于翻译技巧和理论的书籍，它更像是一部穿越时空的桥梁，连接着不同文化、不同语言的世界。在本书中，作者用积累的工作经验和教学案例，为我们揭示了跨文化商务翻译的奥秘与魅力。

本书旨在为从事跨文化商务翻译的工作者和相关研究者提供理论指导和实践参考，同时也可作为商务翻译培训教材使用。书中包含丰富翔实的翻译实践案例，对于提升跨文化商务翻译能力具有重要的指导意义，有助于推动我国跨文化商务翻译事业的发展。本书系统阐述了跨文化商务翻译的基础理论、实践技巧和发展趋势。从跨文化商务翻译的概念与意义、特点与挑战入手，深入分析了跨文化商务翻译的理论与实务。书中还包含了商务翻译领域的案例分析，以及市场需求、翻译行业发展趋势等方面的内容，并阐述翻译技术与跨文化商务翻译的关系，分析了翻译辅助软件、术语管理工具、机器翻译等技术在商务翻译中的应用与挑战。

当我们翻开这本厚重的书籍，仿佛走进了一个五彩斑斓的语言世界。第一章，我们被引入跨文化商务翻译的基础领域，如同初入仙境的旅者，对即将展开的旅程充满好奇与期待。随后，在第二章，作者以宏大的理论框架，为我们构建了一个坚实的翻译理论体系，让我们能够更深入地理解翻译的本质和精髓。在第三章至第五章中，作者巧妙地融合了语言学、文化学和交际学理论，使得商务翻译活动不再是一个孤立的过程，而是一个充满生命力和活力的交流互动。我们仿佛看到了语言在交流中翩翩起舞，文化在碰撞中交融升华，交际在理解中绽放出绚丽的火花。第六章至第八章，作者进一步探讨了跨文化商务翻译的理论创新与实践。在这里，我们见证了翻译技术的飞速发展，以及翻译人员在实践中不断摸索和创新的精神。这些理论创新和实践经验，不仅为我们提供了宝贵的借鉴，更为我们打开了新的思路和视野。第九章至第十章，作者将翻译技术与跨文化商务翻译相结合，展示了现代科技在翻译领域的应用和前景。我们仿佛看到了翻译技术的无限可能，以及它对于促进国际商务交流和文化交流的重要作用。

让我们共同翻开这部《跨文化商务翻译策略研究》，感受其中的智慧与魅力，一同踏上这场跨越文化、跨越语言的奇妙之旅。

目　录

第一章

跨文化商务翻译基础

一、跨文化商务翻译的概念与意义

（一）定义跨文化商务翻译

随着经济全球化的发展，英语这个世界上运用最为广泛的语言在经济发展中发挥着越来越重要的作用。而随着大量外资企业进入中国，对商务英语人才的需求量大大增加。一个高素质的商务英语人才，可以在中国和英语国家的文化之间寻找到最佳契合点，能够将两种语言进行合理转化。由于语言是在一定的文化土壤中产生的，那么商务英语的翻译必然要考虑到中西方文化的差异。

在跨文化的背景下，人们的思想观念、行为方式差异显著，即使是对同一事物的理解也可能大相径庭。例如，中国人深深根植于伦理道德和中庸之道，而西方人则更倾向于科学和理性思维。这种差异在商务英语翻译中尤为明显，时常导致词不达意或误解，进而阻碍商贸活动的顺畅进行。在社会主义经济快速发展的今天，商务英语翻译人员扮演着至关重要的角色。他们不仅要确保翻译的准确性和可靠性，以促进商贸活动顺利进行，还需深入理解两种文化的精髓，以便更好地传达信息的内涵。商务英语（Business English），作为一种高度专业化的语言形式，不仅要求译者在词汇上精炼简洁，还需在逻辑上严谨清晰，同时承载大量行业相关的信息和理论。此外，商务英语翻译中礼貌用语的运用也至关重要。在不同的商务场合，需要选择恰当的礼貌用语，以体现对合作伙伴的尊重。中国作为礼仪之邦，在国际交往中更需注重礼仪的重要性。商务英语翻译者需要在忠于原文的基础上，采用得体的礼貌用语，以建立和维护良好的商务关系。

通用英语（General English）是商务英语的基础，优秀的商务英语人才需具备扎实的通用英语能力，能够熟练运用英语表达商务活动的各个方面。在翻译过程中，他们还需注意保留原文中的文化意象，以便更好地传达信息的文化内涵。同时，商务英语工作者还需具备跨文化交际（Intercultural Communication）

的能力，了解并尊重不同文化背景下的工作习惯和思维方式，以确保合作的顺利进行。例如，时间观念在国际商务交流中具有重要意义。许多西方国家的人们在文化中持有单一时间观（Mono-chronic Time System），非常重视时间的准确性，将工作与生活严格区分。在与他们合作时，作为持有多元时间观（Poly-chronic Time System）的我们在跨文化交际中应尊重这一习惯，合理安排时间，避免给对方带来不便或误解。这样不仅能体现我们的专业素养，还能增进双方之间的信任和合作。

跨文化商务翻译，作为一种特殊的翻译形式，不仅仅是对语言文字的转换，更是对两种或多种不同文化背景下商务信息的传递与理解。它涉及了语言学、文化学、商科等多个学科的知识，旨在跨越文化鸿沟，实现商务信息的有效沟通。

跨文化商务翻译，简而言之，就是在不同文化背景下的商务活动中，将一种语言的信息准确地转换为另一种语言，并确保在转换过程中信息的完整性和准确性得以保持。这种翻译不仅要求译者具备扎实的语言功底，对两种或多种文化有深入的了解和认知，还需要掌握现代化翻译工具的应用能力。

具体来说，跨文化商务翻译包括以下几个方面。

1. 语言转换。这是翻译的基本任务，包括将一种语言的文字、口语或听力内容转换为另一种语言。在商务翻译中，语言转换要求准确、专业，不能出现歧义或误解。

2. 文化转换。由于不同文化背景下的思维方式、价值观念、行为准则等存在差异，因此在进行商务翻译时，还需要考虑到上述因素，对词语、表达和含义进行适当的调整。译者需要了解原文所在文化背景下的文化内涵，并将其准确地传达给目标读者，以确保在目标文化中产生预期的效果。

3. 商务知识。商务翻译涉及商务活动的各个方面，如合同、协议、报告、广告等。因此，译者需要具备丰富的商务知识，以确保翻译的准确性和专业性。

4. 技术支持。随着全球化的发展，人工智能和计算机辅助翻译技术在跨文化商务翻译中发挥着越来越重要的作用。掌握这些技术可以提高翻译效率和质量。

（二）跨文化商务翻译在国际商务中的作用

在全球化日益加深的今天，国际商务活动日益频繁，不同国家、不同文化背景下的商务交流越发重要。跨文化商务翻译作为国际商务交流中的桥梁和纽带，扮演着至关重要的角色。本书将从多个方面探讨跨文化商务翻译在国际商务中的作用。

1. 促进信息的准确传递

跨文化商务翻译的核心任务是将一种语言中的商务信息准确地转换为另一种语言，确保信息在传递过程中不失真、不遗漏。在国际商务中，由于不同国家的语言、文化和商务习惯存在差异，信息的准确传递显得尤为重要。跨文化商务翻译能够打破语言和文化障碍，将不同文化背景下的商务信息准确无误地传达给目标受众，为国际商务活动的顺利进行提供有力保障。

2. 增强相互理解与信任

跨文化商务翻译不仅涉及语言的转换，更涉及文化的传递和理解。通过翻译，不同文化背景下的商务人士可以更加深入地了解对方的文化背景、价值观念和商务习惯，从而减少误解和冲突，增强相互理解和信任。这种理解和信任是国际商务合作的基础，对于促进国际商务活动的成功具有重要意义。

3. 推动商务合作的达成

在国际商务中，商务合同的签署、商务谈判的进行等都需要跨文化商务翻译的参与。通过翻译，双方可以更加准确地理解对方的意图和需求，从而更加顺利地达成合作意向。同时，跨文化商务翻译还能够为双方提供专业的商务建议和法律咨询，确保商务合作的合法性和规范性。这些都有助于推动国际商务合作的达成，促进国际贸易的发展。

4. 提高商务活动的效率

在国际商务中，时间往往是非常宝贵的。跨文化商务翻译能够快速、准确地完成商务信息的传递和翻译工作，提高商务活动的效率。通过翻译，双方可以更加快速地了解对方的需求和意图，从而更加迅速地做出决策和回应。这种高效率的商务交流有助于双方更好地把握商机，实现互利共赢。

5. 提升企业形象并拓展国外市场

在国际市场上，企业需要塑造一个专业、负责任的形象。使用目标语言进行商务沟通和交流，显示出对当地文化和消费者的尊重，有助于提高企业的声誉和知名度。此外，企业要想在国际市场中站稳脚跟，就需要了解和遵守不同国家和地区的法律法规、贸易政策和市场准入要求。跨文化商务翻译可以帮助企业更好地了解这些信息，为进入国际市场做好准备。

6. 促进文化交流与融合

跨文化商务翻译不仅是商务信息的传递，更是文化的交流和融合。通过翻译，不同文化背景下的商务人士可以更加深入地了解对方的文化，促进文化交流和融合。这种文化交流和融合有助于增进不同国家、不同民族之间的友谊和互信，推动世界的和平与发展。跨文化商务翻译在国际商务中发挥着至关重要的作用。它不仅能够促进信息的准确传递和相互理解与信任，还能够推动商务合作的达成和提高商务活动的效率。同时，跨文化商务翻译还能够促进文化交流和融合，增进不同国家、不同民族之间的友谊和互信。因此，我们应该高度重视跨文化商务翻译在国际商务中的作用，加强对其研究和应用，为国际商务活动的顺利进行提供有力支持。

二、跨文化商务翻译的特点与挑战

（一）文化差异带来的翻译挑战

在跨越国界的故事中，语言总是承载着最深沉的情感与最细腻的思绪。然而，当这份情感与思绪需要被翻译成另一种语言时，文化差异就如同一道隐形的屏障，让翻译者陷入了一场充满挑战与浪漫的言情之旅。

想象一位优雅的东方女子，她的眼眸中藏着千年的文化底蕴，她的言辞间流转着婉约与含蓄。她轻轻诉说着对远方情人的思念，那情感如同江南烟雨般朦胧而深情。然而，当这份情感需要被翻译成西方的语言时，挑战便悄然降临。

西方的语言，如同西方人的性格一般直率而热烈。翻译者需要在这两种截然不同的文化背景之间找到平衡点，既要保留东方女子的婉约与含蓄，又要让西方读者能够感受到那份深沉的情感。这就像是一场精心编织的舞蹈，每一步都需要恰到好处，既要轻盈飘逸，又要充满力量。

在这场旅程中，翻译者不仅要面对语言的差异，更要面对文化的差异。例如，在描述一个浪漫的约会时，东方女子可能会选择在一个宁静的湖畔，与情人共赏月色，品味茶香。而在西方，这样的场景可能会被描绘成一个充满激情与活力的舞会，或是一场热烈的街头拥吻。翻译者需要在这些不同的文化元素之间寻找共鸣，让两种文化背景下的读者都能够感受到那份浪漫与美好。然而，文化差异带来的挑战并不仅仅体现在情感表达上。在商业、法律、科技等领域中，文化差异同样会给翻译带来巨大的困难。例如，在一份商业合同中，一个看似简单的词汇在不同的文化背景下可能有着截然不同的含义。翻译者需要深入研究这些词汇在不同文化中的用法和含义，确保翻译的准确性和专业性。

在这场跨越时空的旅程中，翻译者不仅是文字的传递者，更是文化的使者。他们用自己的智慧和才华，将不同文化背景下的情感与思绪连接起来，让它们在另一种语言中焕发出新的光彩。

有时，翻译者会陷入深深的思考，试图寻找那份最贴切的表达。他们会在图书馆的角落里翻阅古老的典籍，或是在网络上搜索最新的文化动态。他们会在寂静的夜晚独自品味着那些跨越时空的情感与思绪，试图将它们完美地呈现在另一种语言中。

这场旅程充满了挑战与浪漫。翻译者需要不断地学习、思考和探索，才能在这场旅程中走得更远、更稳。他们用自己的努力和才华，让不同文化背景下的读者能够感受到那份最真挚的情感与思绪，让这份跨越时空的爱情在另一种语言中绽放出更加绚烂的光彩。

在文化差异带来的翻译挑战面前，翻译者们如同勇敢的骑士，用自己的智慧和勇气去征服那些看似不可逾越的障碍。他们的努力不仅让语言之间的界限变得更加模糊，更让不同文化之间的交流与融合变得更加紧密与和谐。

（二）商务文本的特殊性与翻译要求

商务文本，作为商业交流的核心媒介，承载着企业间信息沟通、合作洽谈、合同签署等重要职责。不同于一般的文学或日常交流文本，商务文本具有其独特的语言风格、格式要求和法律效应，这使得商务文本的翻译工作显得尤为重要且复杂。

1. 商务文本的特殊性

（1）专业性与准确性。商务文本通常涉及行业术语、专业词汇和特定的商务表达，以及涉及商业活动、经济政策、市场分析等专业知识，这些都需要翻译者具备深厚的专业知识背景和行业经验，以确保翻译的准确性和专业性。一个小小的词汇或表达的不当翻译，都可能对商业交流造成误解或损失。

（2）规范性与严谨性。商务文本的语言风格通常较为正式、严谨，用词规范，结构清晰。翻译时，需要保持这种正式性和严谨性，以符合商务交流的规范和标准。此外，商务文本需要遵循一定的行业规范和法律法规。例如，商务合同应当包括合同主体、标的、数量、质量、价格、履行期限等内容，同时要符合合同法等相关法规的要求。在商务文本中，涉及的报表、文件、证书等也要符合相关格式和标准。

（3）法律效应及保密性。部分商务文本，如合同、协议等，具有法律效应。这意味着翻译不仅要求准确、专业，还需要符合相关法律法规的规定，以避免因翻译不当而引发的法律纠纷。商务活动中，涉及企业商业机密、客户信息、市场策略等敏感信息。在撰写商务文本时，要注意保护这些敏感信息，避免泄露。此外，商务文本的传播范围也要加以控制，确保仅限于有必要知晓的相关方。

（4）文化敏感性。商务文本在传递信息的同时，也涉及不同国家、不同文化背景下的商业习惯和价值观。翻译者需要充分考虑文化因素，避免因文化差异导致的误解或冲突。

（5）创新性。在电子商务日益发展的背景下，商务文本呈现出创新性的特点。例如，随着大数据、云计算、人工智能等技术的发展，商务文本可能涉及了解并运用这些技术的相关信息。此外，商务文本的表达形式也日趋多样，如电子邮件、短信、社交媒体等，这些新兴渠道为商务文本提供了更多的传播途径和表现手段。

2. 商务文本的翻译要求

（1）准确传达原意。商务文本的翻译首要要求就是准确传达原文的信息和意图。翻译者需要深入理解原文，确保翻译的内容与原文在语义上保持一致。

（2）专业性与术语统一。对于商务文本中的专业术语和表达，翻译者需要具备相应的专业知识背景，以确保翻译的准确性和专业性。同时，对于同一术语或表达，需要在整个翻译过程中保持统一，避免引起误解。

（3）完整性。这包含了信息的完整性、结构的完整性和表述的完整性。要确保翻译后的文本包含了原文的所有信息，不出现遗漏的情况；译后文本要保持与原文结构一致，段落和章节布局合理；内容方面也要保持完整表述原文的意思，避免出现断章取义、以偏概全的现象。

（4）正式与严谨的语言风格。翻译者需要保持商务文本的正式和严谨的语言风格，用词规范，结构清晰。同时，还需要注意语法、拼写和标点等细节问题，确保翻译的准确性和规范性。

（5）法律合规性。对于具有法律效应的商务文本，翻译者需要充分了解相关法律法规的规定，确保翻译的内容符合法律要求。同时，还需要注意翻译过程中的保密性要求，避免泄露敏感信息。

（6）文化适应性与敏感性。翻译者需要充分考虑文化因素，了解不同国家、不同文化背景下的商业习惯和价值观。在翻译过程中，要尽量避免因文化差异导致的误解或冲突，确保翻译内容在不同文化背景下的准确传达。也应考虑原文与目标语言的审美差异，使翻译后的文本符合目标语言的审美要求。

商务文本的翻译工作不仅需要翻译者具备深厚的专业知识背景和语言能力，还需要具备高度的责任心和文化敏感性。只有满足这些要求，才能确保商务文本的翻译质量，为商业交流提供有力的支持。

三、跨文化商务翻译的理论基础

（一）翻译理论概述

翻译，作为跨越语言和文化障碍的桥梁，自古以来就承载着促进人类交流与理解的重要使命。随着全球化的深入发展，翻译活动越发频繁，翻译理论也随之不断丰富和完善。翻译理论是研究语言转换规律和翻译实践的学科。其中，尤金·奈达（Eugene Nida）的“功能对等”理论和费尔米尔·卡特福德（Fairfax Catford）的“翻译层次”理论对于跨文化商务翻译具有重要的指导作用。奈达的“功能对等”理论强调译文读者与原文读者的阅读效果应基本相同，翻译过程中要充分考虑文化差异。卡特福德的“翻译层次”理论则从语言结构和语义层面分析了翻译过程中的各种问题，为商务翻译提供了理论依据。

1. 翻译理论的发展历程

翻译理论的历史可以追溯到古代，但真正形成系统的翻译理论则是在近代。早期的翻译理论主要关注翻译的方法和技巧，如直译与意译的争论、翻译的忠实性与流畅性等。到了20世纪，随着语言学、文学理论和文化研究等领域的发展，翻译理论逐渐呈现出多元化和复杂化的趋势。翻译理论的发展历程大致可分为五个阶段：古代、中世纪、文艺复兴时期、近代和现代。

（1）古代阶段。西方翻译理论的起源可以追溯到公元前3世纪，当时有72名犹太学者在埃及亚历山大港进行了《圣经》的翻译工作。古罗马时期的翻译活动是西方翻译史上第一次大的翻译潮，带有明显的文学活动性质。进入罗马帝国后期，宗教翻译逐渐成为西方翻译的主流。严格来说，西方的第一部译作是在约公元前3世纪中叶安德罗尼柯在罗马用拉丁语翻译的希腊荷马史诗《奥德赛》。古代著名的翻译家如安德罗尼柯和西塞罗，他们的翻译作品和理论对后世产生了深远影响。

(2) 中世纪阶段。在中世纪，翻译活动主要集中在宗教文献和经典著作的翻译。这一时期的代表人物有哲罗姆和奥古斯丁，他们在圣经翻译方面做出了重要贡献。此外，波伊提乌和托莱多翻译院也在翻译理论的发展中发挥了重要作用。正是由于西方翻译大家们云集到西班牙城市托莱多，使得托莱多成为了欧洲的学术中心，为欧洲学术翻译活动的发展奠定了雄厚的基础，意义重大，影响广泛。

(3) 文艺复兴时期。文艺复兴时期翻译理论得到了进一步的发展，翻译活动由此深入到思想、政治、哲学、文学、宗教等各个领域，产生了一大批杰出的翻译家和一系列优秀的翻译作品。德国翻译家路德领导的圣经翻译运动对翻译理论产生了重要影响。同时，法国翻译家阿米欧和多雷，以及英国翻译家诺思、弗洛里欧、荷兰德和查普曼等人的翻译理论和实践也对翻译史产生了重要影响。

(4) 近代阶段。近代翻译理论在欧洲各国得到了进一步的发展。法国翻译家巴特，德国翻译家施莱尔马赫和洪堡，以及英国翻译家德莱顿和泰特勒等人的翻译理论具有重要地位。此外，俄国翻译家普希金、茹科夫斯基和别林斯基等人的翻译理论和实践也对翻译史产生了重要影响。

(5) 现代阶段。现代西方翻译理论主要有四大学派：布拉格派、伦敦派、美国结构派和交际理论派。这些学派在20世纪以来翻译理论的发展中发挥着重要作用。现代翻译理论涉及的领域广泛，包括文学翻译、文化翻译、翻译批评和翻译教学等多个方面。

总之，翻译理论的发展历程是从古代到现代，不断演变、完善和丰富的过程。各个阶段的翻译理论和实践相互影响、相互促进，推动了翻译事业的不断发展。

2. 翻译理论的主要流派

(1) 语言学派。语言学派强调翻译的语言学基础，认为翻译是一种语言转换过程，旨在通过语言学的方法来探讨翻译的本质和规律。该派别的主要理论包括等值论、动态对等论和翻译的功能理论等，其代表人物有转换生成语法的提出者诺姆·乔姆斯基（Noam Chomsky），功能对等理论提出者尤金·奈达。

（2）文学学派。文学学派注重翻译在文学领域的应用，强调翻译对原文的忠实性和对原文风格的再现。该派别的主要理论包括忠实论、等效论和风格翻译论等，代表人物有诗人兼译者龙尼·阿普尔特（Ronnie Apter）、安杰拉·埃尔斯顿（Angela Elston）。

（3）文化学派。文化学派将翻译视为一种跨文化交流活动，强调翻译在文化传播和文化交流中的重要作用。该派别的主要理论包括文化翻译论、翻译的文化适应论和翻译的文化构建论等。

（4）解构主义与后殖民主义。解构主义和后殖民主义理论对翻译理论产生了深远影响。解构主义强调翻译中的不确定性和多元性，认为翻译是一种创造性的解读过程，后殖民主义则关注翻译中的权力关系和文化霸权问题，认为翻译是一种文化政治行为，代表人物有特贾斯维莉·尼南贾纳（Niranjana）、佳亚特里·斯皮瓦克（Spivak Gayatri）。

3. 当代翻译理论的前沿议题

（1）翻译与全球化。随着全球化的深入发展，翻译在促进国际交流和文化融合方面发挥着越来越重要的作用。当代翻译理论需要关注全球化背景下翻译的新特点和新挑战，如跨文化翻译、网络翻译和机器翻译等。

（2）翻译与认知科学。认知科学的发展为翻译理论提供了新的研究视角。当代翻译理论需要关注翻译过程中的认知机制和心理过程，如翻译的记忆、推理和创造等。

（3）翻译与跨学科研究。翻译作为一种跨学科活动，需要综合运用语言学、文学、文化学、哲学等多个学科的知识和方法。当代翻译理论需要加强与其他学科的交流和合作，推动翻译研究的跨学科发展。

（4）翻译的质量评估与标准。翻译质量评估是翻译研究的重要议题之一。当代翻译理论需要探讨如何建立科学的翻译质量评估体系，制定符合时代需求的翻译质量标准。

翻译理论是一个不断发展的领域，需要不断吸收新的思想和方法，以适应时代的变化和发展。通过深入了解翻译理论的发展历程、主要流派以及当代翻译理论的前沿议题，我们可以更好地理解翻译的本质和规律，为翻译实践提供有力的理论支持。

（二）跨文化交际理论与翻译

在全球化日益加速的今天，跨文化交际已成为一种普遍现象，而翻译则是这一过程中不可或缺的一环。跨文化交际理论与翻译之间存在着紧密的联系，两者相互影响、相互促进。跨文化交际理论是研究不同文化背景下人们进行沟通的原则、方法和不同时代背景下的跨文化交际现象。其中，美国学者霍夫斯泰德（Hofstede）提出的文化维度理论和英国学者贝尔（Bell）提出的跨文化交际模式对于跨文化商务翻译具有重要的指导意义。跨文化交际理论强调了解和尊重不同文化背景下的价值观、行为规范和沟通方式，有助于提高商务翻译的质量和效果。本书主要探讨跨文化交际理论与翻译之间的关系，以及跨文化交际理论在翻译实践中的应用。

1. 跨文化交际理论概述

跨文化交际理论主要研究不同文化背景下的人们如何进行有效的交流和沟通。它关注文化差异对交际行为的影响，并寻求解决因文化差异而产生的交际障碍的方法。跨文化交际理论强调在交际过程中要尊重并理解对方的文化背景，以实现有效的沟通和交流。在我国，跨文化交际理论研究逐渐成熟，学者们致力于探讨具有中国特色的跨文化交际理论。跨文化交际学是一门涉及多学科的综合性研究，对于提高人们的跨文化交际能力、促进国际交流与合作具有重要意义。

跨文化交际理论主要包括但不局限于以下几个方面：交际能力理论（强调跨文化交际者的交际能力，包括语言能力、社会交往能力、跨文化适应能力等方面）；文化差异理论（关注跨文化交际中不同文化背景下的价值观、信仰、习俗等差异，以及这些差异如何影响交际过程）；适应与通融理论（探讨跨文化交际者在面对不同文化环境时如何适应和融合，以及如何处理文化冲突和矛盾）；身份与认同理论（关注跨文化交际中个体的身份认同问题，以及身份认同如何影响交际行为和心理状态）。这些理论也是目前中国学者较为关注并广泛研究的跨文化交际理论。

2. 跨文化交际理论与翻译的关系

（1）文化差异对翻译的影响。翻译不仅仅是语言的转换，更是文化的传递。在翻译过程中，文化差异往往会给译者带来极大的挑战。例如，不同文化背景下的词汇、表达方式和习惯用语可能存在差异，这要求译者在翻译时要充分考虑这些因素，以确保译文在传递原文信息的同时，也符合目标语言的文化习惯。

（2）跨文化交际理论在翻译中的应用。跨文化交际理论为翻译实践提供了重要的理论支持。在翻译过程中，译者需要充分了解并尊重不同文化背景下的差异，以避免因文化差异而产生的误解或冲突。跨文化交际理论强调在交际过程中要尊重并理解对方的文化背景，这一原则同样适用于翻译实践。译者需要在翻译过程中充分考虑目标语言的文化习惯和价值观，以确保译文在传递原文信息的同时，也符合目标语言的文化语境。

3. 跨文化交际理论在翻译实践中的应用案例

（1）商业翻译中的跨文化交际。在商业翻译中，跨文化交际理论的应用尤为重要。不同国家和地区的商业文化存在差异，这要求译者在翻译商业文本时要充分考虑这些差异。在翻译广告词或宣传语时，译者需要了解目标市场的文化背景和消费习惯，以确保译文能够引起目标受众的共鸣和兴趣。例如：日本一款减肥产品的宣传语为“减肥不再是痛苦，而是快乐的享受！”我们可以译为：（针对中国市场）“减肥不再枯燥，快乐起航！”在这个例子中，译者需要了解日本文化中对减肥观念的认知，以及中国市场的消费者对减肥产品的期望。通过将原文中的“快乐”一词保留在译文中，并采用积极向上的语气，使得译文更符合目标市场的消费心理。

（2）法律翻译中的跨文化交际。法律翻译涉及不同法律体系和文化背景下的法律概念和术语。在翻译法律文本时，译者需要了解并尊重不同法律体系之间的差异，以确保译文在法律意义上的准确性和一致性。跨文化交际理论的应用可以帮助译者更好地理解并处理这些差异，从而提高法律翻译的质量和准确性。

跨文化交际理论与翻译之间存在着密切的关系。翻译不仅仅是语言的转换，更是文化的传递和交流。在翻译实践中，译者需要充分了解并尊重不同文化背景下的差异，以避免因文化差异而产生的误解或冲突。跨文化交际理论为翻译实践提供了重要的理论支持，帮助译者更好地处理文化差异问题，提高翻译的质量和准确性。因此，加强跨文化交际理论的学习和应用对于提高翻译实践水平具有重要意义。

四、跨文化商务翻译的基本技能

（一）语言能力

在全球化的商业环境中，跨文化商务翻译成了企业间沟通交流的桥梁。跨文化商务翻译不仅仅是语言的转换，更是文化的传递和融合。因此，从事跨文化商务翻译工作的译者必须具备一系列独特的语言能力，以确保翻译的准确性和有效性。本文将从词汇选择、语法运用、语篇构建、文化敏感性和语言更新能力等方面，详细探讨跨文化商务翻译所需的语言能力。

1. 词汇选择能力

在跨文化商务翻译中，译者需要具备丰富的词汇量，并能根据具体的商务场景和文化背景选择恰当的词汇。首先，译者需要了解并掌握商务领域的专业术语和行业用语，以确保译文的准确性和专业性。其次，译者还需要关注不同文化背景下词汇的含义和用法差异，避免在翻译过程中出现误解或歧义。在翻译涉及不同国家的产品名称、品牌标语或广告词时，译者需要充分考虑目标市场的文化背景和消费习惯，选择符合当地文化习惯和审美的词汇。例如，某公司准备将中国“喜鹊牌”丝巾出口至瑞典。这里品牌名译为“Xique”较妥。因“magpie”在中国象征吉利安康，但在瑞典传统中有喋喋不休、惹人厌烦的含义，因此可使用音译予以避免。

2. 语法运用能力

语法是语言的基础，也是翻译中不可忽视的一部分。在跨文化商务翻译中，译者需要熟练掌握目标语言的语法规则，并能灵活运用这些规则进行翻译。首先，译者需要了解并掌握目标语言的句子结构、时态、语态等基本语法知识，以确保译文的语法正确。其次，译者还需要关注不同文化背景下语法使用的差异，避免在翻译过程中出现语法错误或不符合当地文化习惯的表述。在翻译商务信函或合同时，译者需要了解并掌握目标语言在商务场合下的特定语法规则和表达方式，以确保译文的正式性和严谨性。例如，我们会在合同中使用同义词连用的现象，目的是保证内容准确，维护法律文件的独立性尊严。因此会在合同中见到“terms and conditions”“amendments and alterations”“each and every”这样的词组表达。

3. 语篇构建能力

语篇构建能力是指译者在翻译过程中能够把握整体语境、理解原文意图并构建符合目标语言习惯的译文的能力。在跨文化商务翻译中，译者需要具备良好的语篇构建能力，以确保译文的连贯性和可读性。首先，译者需要关注原文的篇章结构和逻辑关系，理解作者的写作意图和目的。其次，译者需要根据目标语言的表达习惯和读者的阅读习惯，对原文进行适当的调整和重构，使译文更加符合目标语言的表达方式和读者的阅读习惯。例如，在翻译商务报告或市场分析报告时，译者需要关注原文的数据分析和结论提炼，并根据目标语言的表达习惯进行适当的调整和重构，以确保译文的清晰易懂和易于理解。

4. 文化敏感性

文化敏感性是跨文化商务翻译中不可或缺的一部分。在翻译过程中，译者需要充分了解并尊重不同文化背景下的差异和习惯，以避免因文化差异而产生的误解或冲突。首先，译者需要了解不同文化背景下的价值观、信仰、习俗等方面的差异，并在翻译过程中充分考虑这些差异。其次，译者需要关注不同文化背景下的商务习惯和礼仪规范，以确保译文的得体性和礼貌性。在翻译商务邀请函或感谢信时，译者需要了解目标市场的商务习惯和礼仪规范，并根据这些规范进行翻译，以确保译文的得体性和礼貌性。例如，在信函翻译时往往要注意“you”的表达，更多时候我们会根据上下文中体现出的双方关系远近而翻译为“贵方”或“贵公司”。

5. 语言更新能力

随着时代的发展和社会的进步，新的词汇和表达方式不断涌现。在跨文化商务翻译中，译者需要具备语言更新能力，不断学习和掌握新的词汇和表达方式。首先，译者需要关注目标语言的最新发展动态和趋势，了解新的词汇和表达方式。其次，译者需要不断学习和提高自己的语言能力，以适应不断变化的市场需求和客户需求。例如，在翻译涉及新兴技术或新产品的商务文本时，译者需要了解和掌握相关的专业术语和表达方式，以确保译文的准确性和专业性。

（二）跨文化交际能力

在全球化的今天，商务活动日益频繁，跨文化商务翻译在其中扮演着至关重要的角色。跨文化商务翻译不仅仅是语言的转换，更是一种跨文化交际能力的体现。这种能力涉及语言、文化、商务等多个方面，是翻译人员在跨国商务活动中进行有效沟通和合作的关键。

1. 跨文化交际能力的重要性

在跨文化商务翻译中，跨文化交际能力是翻译人员成功完成任务的基础。这种能力不仅要求翻译人员具备扎实的语言功底，还要具备深厚的文化背景知识和敏锐的跨文化意识。只有具备了这种能力，翻译人员才能在复杂的商务环境中准确传达信息，避免误解和冲突，促进双方的合作和交流。

2. 跨文化交际能力的主要方面

（1）语言能力。语言能力是跨文化交际能力的基础。翻译人员需要具备流利的口语和书面表达能力，能够准确理解和翻译商务文本中的专业术语和表达方式。同时，他们还需要具备跨语言交流的能力，能够根据不同的商务场合和对象，灵活运用语言进行沟通和交流。

（2）文化背景知识。文化背景知识是跨文化交际能力的重要组成部分。翻译人员需要了解不同国家和地区的文化背景、历史传统、风俗习惯、价值观念等方面的知识。这样，他们才能在翻译过程中充分考虑文化差异，避免文化冲突，确保译文的准确性和恰当性。

（3）跨文化意识。跨文化意识是跨文化交际能力的核心。翻译人员需要具备敏锐的跨文化意识，能够识别并理解不同文化背景下的交际行为和言语表达方式的差异。他们还需要具备文化适应能力和文化创新能力，能够在不同的文化环境中灵活应对，有效沟通。

3. 跨文化交际能力在商务翻译中的应用

（1）准确传达信息。在商务翻译中，翻译人员需要准确传达原文的信息和意图。他们需要根据不同的文化背景和商务环境，选择合适的翻译方法和策略，确保译文的准确性和恰当性。同时，他们还需要关注原文中的隐含信息和言外之意，以确保译文的完整性和准确性。

（2）避免误解和冲突。在跨文化商务交流中，文化差异往往会导致误解和冲突。翻译人员需要具备敏锐的跨文化意识，能够识别并避免这些误解和冲突。他们需要在翻译过程中充分考虑文化差异，采用合适的表达方式，确保双方的理解和沟通顺畅。

（3）促进合作和交流。翻译人员在跨文化商务翻译中扮演着桥梁和纽带的角色。他们需要通过自己的跨文化交际能力，促进不同文化背景下的商务人员之间的合作和交流。他们需要积极参与商务活动，与各方建立良好的沟通和合作关系，为商务活动的顺利进行提供有力支持。

跨文化商务翻译需要翻译人员具备强大的跨文化交际能力。这种能力包括语言能力、文化背景知识和跨文化意识等方面。只有具备了这种能力，翻译人员才能在复杂的商务环境中准确传达信息，避免误解和冲突，促进双方的合作和交流。因此，加强跨文化交际能力的学习和训练对于提高翻译人员的专业素质和水平具有重要意义。

五、跨文化商务翻译的市场需求与发展趋势

（一）市场需求分析

随着全球化的不断深入，国际商务活动日益频繁，跨文化商务翻译的市场需求也随之不断增长。跨文化商务翻译不仅涉及语言的转换，更涉及文化的沟通和理解，对于促进国际间商务合作、推动全球经济发展具有重要意义。本书将从市场需求的角度，对跨文化商务翻译的市场现状、发展趋势以及未来展望进行深入分析。

1. 跨文化商务翻译的市场现状

（1）市场需求持续增长。随着全球经济一体化的加速，国际贸易、投资、技术合作等商务活动日益增多，对跨文化商务翻译的需求也日益旺盛。如图 1－1

所示，据相关调查显示，目前国内外贸行业、旅游行业、科技行业等领域对翻译人才的需求量较大，其中外贸行业更是当前翻译工作最为紧缺的领域之一，2023 年全国翻译企业产值保持增长，较 2022 年底增长 7.1%；翻译企业仍集中在北上广，且以小微民企为主。

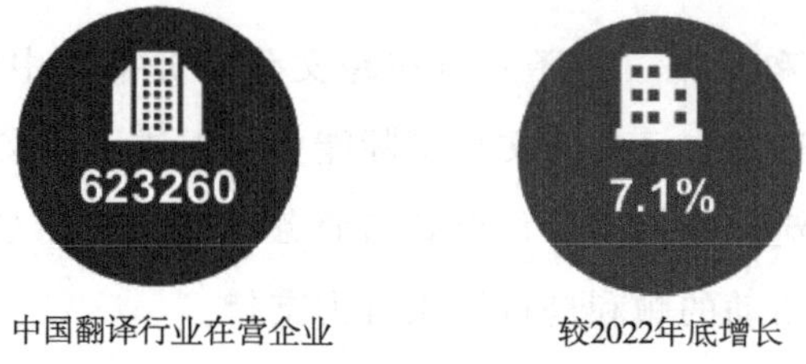

图 1－1　国内翻译行业在营企业数

数据来源：2023 年中国翻译行业发展调研；国家市场监督管理总局企业注册信息数据库。

（2）专业化需求突出。随着各个行业的发展，翻译行业将越来越专业化。不同领域的翻译需求将越来越多，如医疗、法律、金融等领域的翻译需求将会不断增加。这要求翻译人员不仅具备语言能力，还需要具备相关领域的专业知识。翻译从业人员规模变大，兼职化特征明显；40 岁以下从业者占七成，人数近 400 万（见图 1－2）。

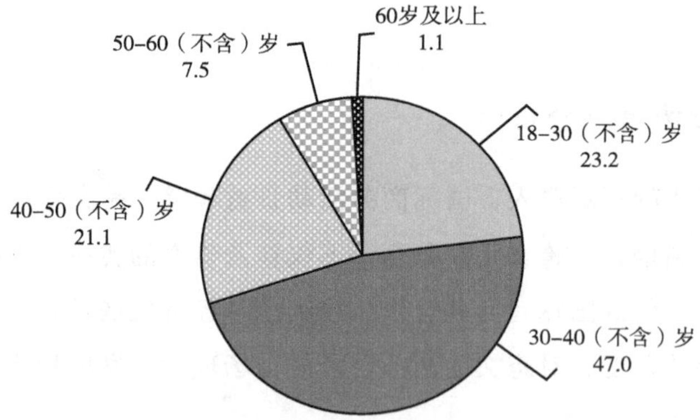

图 1－2　翻译从业者年龄分布情况（%）

数据来源：2023 年中国翻译行业发展调研。

注：统计数据经过四舍五入处理，数据项的总和无法精确达到 100%。

（3）文化交流需求增加。随着全球化的推进，国际间的文化交流也将越来越频繁。这不仅包括文学艺术作品的翻译，还包括电影、电视剧、音乐等文化产品的翻译。这些翻译作品需要准确传达原作者的意图，同时还需要符合目标语言的文化习惯和价值观。中译外、外译中仍为主营业务，英德法翻译业务占比较高，信息与通信技术、教育培训、政府外事交往领域的业务量排前三（见图 1－3）。

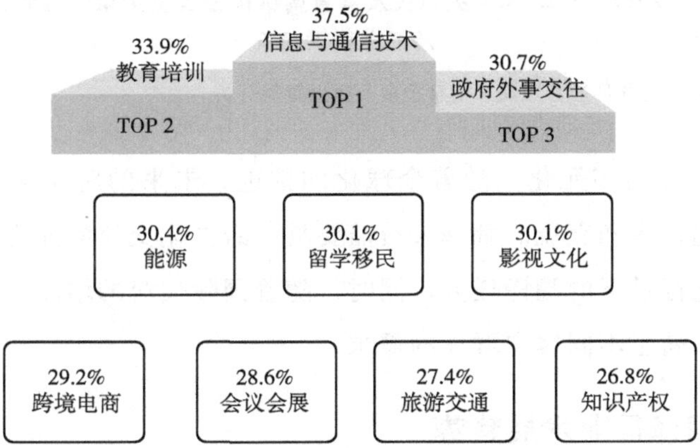

图 1－3　翻译细分领域业务量情况

数据来源：2023 年中国翻译行业发展调研。

2. 跨文化商务翻译的发展趋势

（1）技术驱动。随着人工智能、大数据等技术的发展，机器翻译将在跨文化商务翻译中发挥越来越重要的作用。机器翻译的优势在于效率高、成本低，可以极大地提高翻译的效率和质量。但同时，机器翻译也存在一些局限性，如无法理解复杂的语境和文化背景等。因此，未来的跨文化商务翻译将更加注重人机协同，充分发挥人类翻译和机器翻译各自的优势。

（2）专业化与精细化。随着各个行业的发展和细化，翻译行业也将越来越专业化。未来的跨文化商务翻译将更加注重对专业领域的研究和了解，提供更加精准、专业的翻译服务。同时，随着客户对翻译质量的要求不断提高，翻译服务也将越来越精细化，更加注重细节和品质。语言类专业背景占四成，高知化趋势明显，复语型人才需求上升（见图 1－4）。

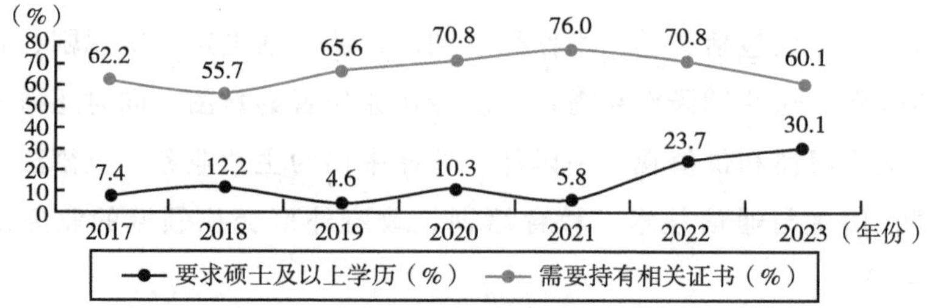

图 1-4　2017—2023 年中央机关及其直属机构公务员招录对翻译人才学历及证书要求情况

数据来源：国家公务员局官网公开信息检索及数据智能分析。

(3) 国际化与多元化。随着全球化的推进，未来的跨文化商务翻译将更加注重国际化合作和交流。翻译人员需要具备跨文化交流的能力，能够处理不同语言和文化背景下的翻译任务。同时，随着国际交流的增多，翻译服务也将更加多元化，满足不同客户群体的需求。

(二) 翻译行业发展趋势

近年来，全球翻译行业呈现出稳定的增长态势，这一趋势在 2023 年得到了进一步的验证。据最新统计数据显示，全球翻译行业的产值增速保持平稳，2023 年的市场规模预计将达到约 551 亿美元。

这一增长主要得益于全球化的深入发展和国际交流的日益频繁。随着各国之间的经济、文化、科技等领域的合作与交流不断加深，翻译服务的需求也随之增长。特别是在跨国企业、国际组织、政府机构等领域，翻译服务的需求更是旺盛。

同时，随着技术的不断进步，翻译行业也迎来了新的发展机遇。机器翻译、人工智能等技术的应用，大大提高了翻译的效率和质量，使得翻译服务更加便捷、高效。这不仅满足了市场对翻译服务的需求，也推动了翻译行业的创新发展。

在地域分布上，欧美地区一直是全球翻译服务市场的主要领导者。这些地区的语言服务企业凭借其强大的实力和专业水平，占据了全球翻译市场的头部位置。然而，随着亚洲、大洋洲等地区经济的崛起和国际化程度的提高，这些地区的翻译服务企业也逐渐崭露头角，展现出强大的市场竞争力。

如图 1－5 所示，全球翻译行业产值增速稳定，市场规模不断扩大。未来，随着全球化的深入发展和技术的不断进步，翻译行业将继续保持增长态势，为全球经济的发展和国际交流做出更大的贡献。非英语内容的翻译市场潜力显现。《2024 全球翻译行业发展报告》指出：“随着互联网数字化内容尤其是视频内容的急剧扩展，全球翻译市场 47% 的潜在机会来自多样的本地化语言，而非英语。以非洲为例，阿拉伯语、法语、斯瓦希里语、豪萨语、祖鲁语、葡萄牙语、约鲁巴语等共同构成了非洲国家互联网用户的非英语翻译需求”。人工智能技术应用持续影响翻译行业；特定行业监管规则催生翻译需求。

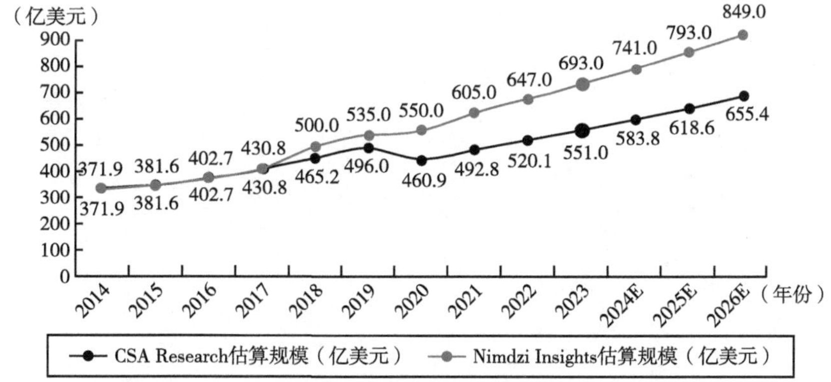

图 1－5　2014—2026 年全球翻译行业市场规模

数据来源：CSA Research、Nimdzi lnsights，2023。

注：2024—2026 年为估算预测数据。

第二章

跨文化商务翻译的理论框架

一、跨文化商务翻译的理论构建

（一）跨文化商务翻译理论的逻辑起点

在全球化的时代背景下，商务活动日益频繁，跨文化商务翻译作为连接不同文化和商务领域的桥梁，其重要性不言而喻。跨文化商务翻译理论的研究，旨在揭示翻译过程中的文化因素如何影响翻译实践，以及如何通过理论指导实践，提高翻译质量。本章将从逻辑起点的角度，深入探讨跨文化商务翻译理论的构建。

1. 跨文化商务翻译理论的逻辑起点概述

逻辑起点是指研究对象（任何一种思想、理论、学说、流派）中最简单、最一般的本质规定，构成研究对象最直接和最基本的单位。在跨文化商务翻译理论中，逻辑起点可以理解为翻译活动的基本出发点和理论基础，贯穿于整个翻译过程，是指导翻译实践的核心原则。

2. 跨文化商务翻译理论逻辑起点的具体内容

（1）文化差异的认知。跨文化商务翻译理论的逻辑起点之一是对文化差异的认知。文化差异是翻译过程中的主要障碍之一，也是翻译者需要首先面对和解决的问题。翻译者需要充分了解不同文化背景下的价值观、思维方式、语言表达习惯等方面的差异，以便在翻译过程中准确地传达原文信息，避免误解和冲突。

（2）商务语境的把握。商务语境是跨文化商务翻译理论逻辑起点的另一个重要方面。商务语境是指在商务活动过程中，参与者所处的特定环境，包括文化、社会、经济、政治等多个方面。商务语境对于商务活动的成功与否具有至关重要的影响。它涉及商务沟通、商务谈判、决策、合作等多个方面。翻译者需要深入了解商务语境，以便在翻译过程中准确地理解原文信息，并根据商务语境的要求进行适当的翻译处理。

具体来说，商务语境主要包括以下几个方面。

①文化语境。文化语境是指在商务活动中，不同文化背景下的价值观、信仰、习俗、礼仪等差异。了解和尊重对方的文化语境有助于促进商务沟通和减少文化冲突。

②社会语境。社会语境主要包括社会制度、社会阶层、人际关系等方面。在商务活动中，了解对方的社会背景有助于分析其行为动机和需求。

③经济语境。经济语境涉及的因素包括经济发展水平、市场供求、政策法规等。分析经济语境有助于企业制定合适的战略和决策。

④政治语境。政治语境主要指政治环境、政治稳定程度、政策导向等。政治语境对企业运营和商务活动具有重要的影响，尤其是在跨国商务活动中。

⑤行业语境。行业语境包括行业特点、市场竞争、行业规范等方面。了解行业语境有助于企业把握市场动态，提升竞争力。

由此可以看出商务语境的重要性体现在：明确商务语境有助于提高商务沟通的效率，减少误解和冲突；了解对方的商务语境，有助于建立信任，提升合作效果；分析商务语境，有助于企业制定更为合适的战略和决策；对商务语境的了解，有助于企业预判潜在风险，提前采取应对措施；在跨国商务活动中，了解和尊重不同国家的商务语境，有助于拓展国际市场，提升企业的国际化水平。

（3）翻译策略的选择。翻译策略是跨文化商务翻译理论逻辑起点的核心内容。翻译策略的选择直接关系到翻译质量和效果。翻译者需要根据原文的文体、内容、目的以及目标读者的文化背景和阅读习惯等因素，选择合适的翻译策略，如直译、意译、归化、异化等，以确保翻译结果的准确性和可读性。

（4）跨文化商务翻译理论逻辑起点的实践意义。跨文化商务翻译理论的逻辑起点具有重要的实践意义。首先，它有助于翻译者深入理解翻译活动的本质和规律，提高翻译质量。其次，它有助于翻译者更好地应对文化差异和商务语境的挑战，避免误解和冲突。最后，它有助于翻译者选择合适的翻译策略，使翻译结果更加符合目标读者的阅读习惯和文化背景。

跨文化商务翻译理论的逻辑起点是翻译活动的基本出发点和理论基础，它涉及文化差异的认知、商务语境的把握和翻译策略的选择等方面。这一逻辑起点对于提高翻译质量、应对文化差异和商务语境的挑战以及选择合适的翻译策略等方面都具有重要的实践意义。在未来的研究中，我们可以进一步探讨跨文化商务翻译理论的逻辑起点与其他翻译理论之间的联系和区别，以及如何在实践中更好地应用这一逻辑起点来指导翻译实践。

（二）理论框架的构建与演进

在全球经济一体化的背景下，跨文化商务翻译成为连接不同国家、不同文化之间商业往来的重要桥梁。随着国际商务活动的日益频繁，跨文化商务翻译的理论构建也逐步得到关注和发展。

1. 跨文化商务翻译理论框架的构建

（1）理论基础的形成

跨文化商务翻译的理论基础主要源于以下多门学科。

①语言学。语言学是研究语言的结构、功能和演变的学科。在跨文化商务翻译中，语言学主要关注如何在不同语言之间进行准确的沟通和传输信息，为翻译提供了基本的语言转换机制。

②翻译研究。翻译研究是对翻译过程、方法和策略进行系统分析的学科。它探讨了翻译中的各种问题，如翻译的质量、翻译技巧和翻译过程中涉及的文化因素等。

③跨文化研究。跨文化研究是研究不同文化背景下人们的行为、思维和交流方式的学科。在跨文化商务翻译中，了解不同文化间的差异和相似之处有助于减少沟通障碍和误解。

④商务理论。商务理论研究企业运营、市场营销、组织管理等方面的理论体系。在跨文化商务翻译中，了解商务领域的基本理论和实践有助于把握翻译内容的准确性和针对性。

⑤文化研究。文化研究关注文化现象、文化符号、文化价值观等方面的研究。在跨文化商务翻译中，了解不同文化背景下的价值观和观念有助于更好地传达原文的含义。

⑥社会学和心理学。跨文化商务翻译还涉及社会学和心理学方面的知识。了解不同文化背景下人们的社会行为和心理特点，有助于提高翻译的准确性和有效性。

这些学科相互交织、共同作用，为翻译工作者提供了丰富的理论和实践指导。

（2）理论框架的初步构建

在理论基础之上，跨文化商务翻译的理论框架开始初步构建。这一框架主要包括以下几个方面。

①文化差异的认知。文化差异是跨文化商务翻译中的核心问题。理论框架需要明确文化差异的定义、分类和表现形式，以及这些差异如何影响翻译实践。

②商务语境的把握。商务语境是跨文化商务翻译的重要背景。理论框架需要探讨商务语境的特点、构成和影响因素，以及如何在翻译中准确理解和传达商务信息。

③翻译策略的选择。翻译策略是翻译实践中的关键环节。理论框架需要分析不同翻译策略的优缺点和适用范围，以及如何在具体翻译任务中选择合适的翻译策略。

④翻译质量的评估。翻译质量是翻译实践的核心目标。理论框架需要提出一套科学的翻译质量评估标准和方法，以便对翻译成果进行客观评价。

（3）理论框架的丰富与完善

随着跨文化商务翻译实践的不断发展，理论框架也在不断丰富和完善。一方面，学者们通过实证研究不断探索新的翻译现象和问题，为理论框架提供新的研究视角和思路；另一方面，翻译技术的不断进步也为理论框架的发展提供了新的动力。例如，机器翻译、人工智能等技术的应用使得翻译过程更加高效和准确，同时也对翻译理论提出了新的挑战和要求。

2. 跨文化商务翻译理论框架的演进

（1）从传统翻译理论到跨文化商务翻译理论的转变。传统的翻译理论主要关注语言层面的转换问题，而跨文化商务翻译理论则更加注重文化因素和商务语境的影响。这一转变使得翻译实践更加贴近实际商务需求，同时也推动了翻译理论的创新和发展。

（2）从单一学科到多学科交叉融合的发展。跨文化商务翻译理论框架的构建涉及语言学、文化学、商务学等多个学科的知识。随着学科交叉融合的趋势不断加强，这些学科的理论和方法也为跨文化商务翻译理论的发展提供了更为广阔的空间。

（3）从理论研究到实践应用的转变。随着跨文化商务翻译理论框架的不断完善和发展，越来越多的学者开始关注如何将这一理论框架应用于实际翻译实践中。这种从理论研究到实践应用的转变不仅有助于提高翻译实践的质量和效率，还有助于推动翻译学科的进一步发展和壮大。

二、语言学视角下的跨文化商务翻译

（一）语言学的翻译理论概述

语言学与翻译有着密切的关系。翻译作为一种跨语言、跨文化的交际活动，要求译者对两种语言的语音、语法、语义、语用等方面有深入的了解。语言学为翻译提供了理论基础和实践指导，帮助译者更好地进行跨语言、跨文化的信息传递。语言学对翻译的理论支持主要体现在以下几个方面。

1. 语言学为翻译提供了基本的理论框架

翻译理论家们通过对语言的结构、功能、语境等方面的研究，为翻译提供了理论支持和指导。例如，结构主义语言学、功能主义语言学、阐释学、关联理论等，都对翻译理论的发展产生了深远的影响。

2. 语言学揭示了语言的规律性和变异性

了解语言的规律性有助于译者更好地把握两种语言之间的转换关系，而了解语言的变异性则使译者意识到在翻译过程中需要考虑到不同语境下的语言使用特点。

3. 语言学关注语言的动态变化

随着社会、文化、历史等因素的变化，语言也在不断演变。了解语言的动态变化有助于译者更好地把握翻译时机，使译文更符合目标语言的表达习惯。

反过来，翻译实践反哺了语言学。翻译中的语言学实践主要凸显在语音、语法、语义和语用四个方面。

（1）语音翻译。译者在进行语音翻译时，需要考虑到两种语言的语音系统差异，如音素、音节、音调等方面的区别。在此基础上，译者要熟练掌握目标语言的语音规律，以确保译文的语音表达自然、流畅。

（2）语法翻译。在翻译过程中，译者要遵循两种语言的语法规则，将源语言的句子结构转换为目标语言的句子结构。在此过程中，译者要充分了解两种语言的语法特点，以保证译文的语法正确性。

（3）语义翻译。语义翻译要求译者在理解源语言的语义基础上，将语义准确地传递到目标语言中。为此，译者需要掌握两种语言的词汇、短语、句子等方面的语义特点，以确保译文的语义准确性和表达力。

（4）语用翻译。在翻译过程中，译者要考虑到语言使用的语境，包括文化、历史、社会等因素。通过了解两种语言的语用特点，译者可以更好地传递源语言的信息，使译文符合目标语言的表达习惯。

综上所述，语言学与翻译之间的关系密切且互为依存。语言学为翻译提供了理论基础和实践指导，而翻译实践则反哺语言学的发展。在今后的翻译工作中，译者应继续关注语言学的研究成果，不断提高自己的语言素养，从而更好地完成跨语言、跨文化的交际任务。

（二）翻译理论的主要流派和观点

1. 等值翻译理论

等值翻译理论（Equivalence Theory）是西方翻译理论中的核心概念，它强调译文和原文在表达上应达到等值效果，符合语言本身的要求。等值翻译理论主要包括以下几个方面。

（1）表层等值。表层等值主要关注翻译中的形式对应，包括词汇、语法和结构等方面的对等。在表层等值中，翻译者应尽可能地找到原文和译文之间的形式对应关系，使得译文读者能够感受到与原文读者相似的理解和审美体验。

（2）深层等值。深层等值关注的是原文和译文在意义、信息和功能等方面的对应关系。深层等值强调翻译过程中意义的传递和功能的实现，即使译文在形式上有所差异，但只要能在内涵上保持一致，也能达到翻译的目的。

(3) 语用修辞等值。语用修辞等值关注的是原文和译文在修辞手段、语言风格和语境等方面的对应关系。在语用修辞等值中，翻译者需要在译文中复制原文的修辞效果和风格，使得译文读者能够感受到与原文读者相似的修辞体验。

(4) 文化等值。文化等值是指在翻译过程中，译文要尽可能地保留原文中的文化元素，使译文读者能够理解和接受原文中的文化内涵。在实际翻译中，文化等值可能需要通过增添、删减或改写等方式来实现。

总的来说，等值翻译理论要求翻译者在翻译过程中充分考虑原文和译文在形式、意义、修辞和文化等方面的对应关系，以实现译文与原文的等值效果。这一理论为翻译实践提供了指导，有助于提高翻译质量和译文读者的接受度。然而，在实际翻译中，等值翻译理论也可能面临一些挑战，如不同语言之间的文化差异、语境变化等。因此，翻译者需要在遵循等值翻译理论的基础上，灵活运用各种翻译策略，以实现最佳的翻译效果。

2. 动态对等翻译理论

动态对等翻译理论（Dynamic Equivalence Theory）是 20 世纪著名翻译理论家尤金·奈达（Eugene Nida）提出的翻译理论体系。这一理论强调翻译过程中信息的传递与接受，提倡在翻译实践中以传达原文意义为主，而非仅仅追求形式上的对等。动态对等翻译理论主要包括以下几个方面。

(1) 形式对等。奈达认为，在理想的情况下，译文和原文在形式和结构上能够实现对等。然而，在实际翻译过程中，译者应更加关注意义的传达，而非拘泥于形式。

(2) 意义对等。奈达强调翻译过程中要实现意义的对等，即在保证译文读者能够理解原文意义的前提下，尽可能地保留原文的语言和文化特色。这意味着译者在翻译时需要在意义层面上找到合适的表达方式，有时可能需要对原文进行意义上的改写或重构。

(3) 风格对等。奈达认为，翻译应尽量保持原文的风格特征。在实际翻译过程中，译者需要了解原文作者的写作风格，并在译文中予以体现。

(4) 读者反映论。奈达主张，翻译效果的好坏应以读者接受的程度来衡量。因此，在翻译过程中，译者要考虑目标语言读者的阅读习惯和文化背景，使译文易于理解和接受。

（5）信息论。奈达将翻译过程视为一个信息传递的过程，认为翻译要把原文中的信息准确地传递给译文读者。在实际操作中，译者可能需要运用各种翻译技巧，如直译、意译、归化、异化等，以实现信息的等效传递。

动态对等翻译理论在实际翻译中的应用具有局限性，例如在翻译某些具有文化特色的词汇和表达时，可能难以完全实现意义和风格的对应。此外，这一理论过于强调读者反映，有时可能导致译者在翻译过程中过于迁就目标语言读者，从而失去原文的特色。尽管如此，动态对等翻译理论为翻译实践提供了有益的指导，强调翻译过程中意义的重要性，对于翻译理论的发展具有深远的影响。

3. 功能翻译理论

功能翻译理论（Functional Translation Theory）是一种翻译研究方法，起源于 20 世纪 70 年代。该理论主张翻译活动应该关注翻译目的、受众需求和译文的功能特征，强调翻译过程中译者的主观能动性和目标文化语境的重要性。功能翻译理论的核心理念可以概括为以下几点。

（1）翻译目的原则。功能翻译理论认为，翻译活动并非只是简单地传递原文信息，而是在一定程度上实现特定的目的。因此，译者需要根据翻译的目的来调整译文的风格、内容和形式。

（2）受众需求原则。功能翻译理论强调译者要充分考虑目标受众的阅读需求和文化背景，使译文易于理解和接受。这意味着译者在翻译过程中可能需要对原文进行删减、补充或改写，以满足受众的阅读期待。

（3）功能上的对等。功能翻译理论提倡译文和原文在功能上达到等同，而非字字对译。这意味着译者在翻译时需要在功能上保持与原文的一致性，而非完全忠实于原文的词汇和语法。

（4）文化适应性。功能翻译理论认为，译文需要适应目标文化，使其在目的文化中得以顺利传播。因此，译者在翻译过程中可能需要对原文进行适当的调整，以符合目标文化的审美和价值观。

（5）译者的主观能动性。功能翻译理论强调译者在翻译过程中的主观能动性。译者不仅要有扎实的语言功底，还要具备较高的文化素养和跨文化交际能力，以便在翻译过程中作出恰当的决策。

（6）动态过程。功能翻译理论认为，翻译活动是一个动态的过程，译者需要在翻译过程中不断地根据翻译目的、受众需求和文化背景调整译文。

总之，功能翻译理论是一种以译者为中心、注重译文功能的翻译理论。它强调译者在翻译过程中的主观能动性，要求译者充分考虑翻译目的、受众需求和文化背景，使译文在功能上与原文等同，并在目标文化中得以顺利传播。这一理论为翻译研究和实践提供了有益的指导。

4. 文化翻译理论

文化翻译理论是一种翻译方法，强调在翻译过程中关注文化因素，将不同的文化意识体现在译文中。这一理论认为，翻译不仅仅是语言之间的转换，更是一种文化交流的行为。以下是文化翻译理论的具体内容。

（1）翻译应以文化为基本单位。文化翻译理论认为，翻译的重点不应仅仅停留在源语言文本上，而应关注文化背景。因此，在翻译过程中，译者需要了解源语言和目的语言的文化差异，以确保译文能够在目的文化中产生预期的效果。

（2）翻译是一种交流行为。文化翻译理论强调翻译过程中的交流性质。译者不仅需要准确地传达原文的语言信息，还要在目的文化中实现有效的沟通。这意味着译者需要具备跨文化交际的能力，以便在译文中体现出源语言文化的特点。

（3）实现文化功能对等。文化翻译理论追求在译文和原文之间实现文化功能的对等。为了达到这一目标，译者需要充分了解源语言和目的语言的文化背景，并在译文中巧妙地处理文化差异。此外，译者还需充分发挥自己的主观能动性，以实现文化内涵的准确传达。

（4）关注译文的文化适应性。在翻译过程中，译者应关注译文在与目的语言文化相适应的同时，能否保留源语言文化的特色。这意味着译者需要在满足目的语言读者需求的基础上，使译文具有良好的文化适应性。

（5）译者的角色。文化翻译理论强调译者在翻译过程中的重要角色。译者不仅要有扎实的语言功底，还需要具备丰富的文化素养和跨文化交际能力。在翻译过程中，译者应充分发挥自己的主观能动性，扮演好文化解释者的角色。

总之，文化翻译理论关注翻译过程中的文化因素，强调译者的跨文化交际能力。通过这一理论，译者可以更好地在目的文化中传达源语言文化的内涵，实现有效的中西文化交流。

由此可见，语言学为翻译提供了丰富的理论支撑和实践指导。翻译理论的发展也促进了语言学理论的创新和完善。在未来，随着全球化和跨文化交流的不断加强，翻译理论将继续发展并适应新的需求和挑战。

（三）语言学理论在商务翻译中的应用

商务翻译涉及不同国家、不同语言和文化背景下的商务沟通。语言学理论的应用，有助于翻译者深入理解源语言和目标语言的语法、词汇、语义和语用特点，准确把握原文信息，并用准确、流畅的目标语言表达出来。此外，语言学理论还能够帮助翻译者理解不同文化背景下的语言习惯、价值观念和社会规范，避免在翻译过程中出现误解和冲突。

1. 语义学和语用学理论的应用

语义学研究语言的深层含义和逻辑关系，而语用学研究语言在实际使用中的意义和功能。在商务翻译中，翻译者需要深入理解原文的语义和语用特点，确保翻译的准确性。例如，在翻译商务合同、协议等法律文件时，翻译者需要准确理解原文的法律术语和条款，并用准确的目标语言表达出来，以避免因误解而导致的法律纠纷。

2. 跨文化交际理论的应用

商务翻译不仅是语言之间的转换，更是文化之间的交流和传播。跨文化交际理论强调在翻译过程中要充分考虑不同文化背景下的语言习惯、价值观念和社会规范。在商务翻译中，翻译者需要深入了解不同国家和地区的商务文化和礼仪规范，以确保翻译的得体性和适应性。例如，在翻译商务邀请函时，翻译者需要了解目标语言国家的商务礼仪和习惯，以确保邀请函的得体性和礼貌性。

3. 文本类型理论的应用

文本类型理论将文本分为信息型、表达型和呼唤型等不同类型。在商务翻译中，不同类型的文本需要采用不同的翻译策略和方法。例如，在翻译商务报告、市场调研报告等信息型文本时，翻译者需要注重信息的准确性和客观性，用简洁明了的语言表达原文信息；而在翻译商务广告、宣传册等呼唤型文本时，翻译者则需要注重语言的感染力和说服力，以吸引目标语言读者的注意力。

尽管语言学理论为商务翻译提供了重要的指导，但在实际应用中仍面临一些挑战。例如，不同语言和文化背景下的语言差异和文化差异可能导致翻译难度的增加；同时，商务翻译的专业性和准确性要求也对翻译者的语言能力和专业素养提出了更高要求。为了应对这些挑战，翻译者需要不断学习和提高自己的语言能力和专业素养，同时加强跨文化交流和实践经验的积累。

三、文化学视角下的跨文化商务翻译

（一）文化学对翻译的影响

翻译作为跨文化交流的桥梁，不仅涉及语言的转换，更涉及文化的传递与理解。文化学作为一门研究文化现象、文化结构、文化功能及其发展规律的综合性学科，对翻译实践产生了深远的影响，主要体现在以下几个方面。

1. 语言理解与表达

翻译过程中，译者需要对原语和目标语的语言特点有深入了解。由于不同文化背景的影响，两种语言在词汇、语法、表达方式等方面可能存在差异。译者需要熟悉这些差异，并在翻译过程中进行适当的调整，以确保译文准确、自然。

2. 文化背景与语境

翻译不仅仅是语言之间的转换，更是文化之间的交流。在翻译过程中，译者需要了解原文所涉及的文化背景、历史事件、地域特色等，以便在译文中准确地传达这些信息。同时，译者还需要关注目标文化的接受程度，以确保译文能在目标文化中产生预期的效果。

3. 价值观与思维方式

不同文化背景下的人们具有不同的价值观和思维方式。在翻译过程中，译者需要对这些差异有所了解，并尝试在译文中体现出来。这有助于促进跨文化交际，减少误解和冲突。

4. 文化意象与象征

在文学、艺术等领域的作品中，文化意象和象征意义起着重要作用。译者在翻译这些作品时，需要充分挖掘其中的文化内涵，并在译文中加以体现。这有助于传播原作品的文化精髓，增进不同文化之间的相互了解。

5. 接受者的文化素养

翻译过程中，译者需要考虑目标文化中的接受者具备的文化素养。在接受者熟悉的文化背景下，某些表达方式和修辞手法可能易于理解，而在其他文化背景下则可能产生困惑。因此，译者需要适时调整译文，以适应接受者的文化素养。

总之，文化对翻译的影响是多层次、多方面的。在翻译过程中，译者需要具备高度的文化敏感性，充分考虑文化因素，采用适当的翻译策略，以确保译文既能准确传达原文信息，又能适应目标文化的需求。这样才能发挥翻译在跨文化交际中的作用，促进不同文化之间的交流与理解。

（二）文化学理论在商务翻译中的解释力

在全球化的背景下，商务翻译在促进国际经贸合作、文化交流中扮演着举足轻重的角色。商务翻译不仅仅是语言的转换，更涉及文化的交流与融合。在这一过程中，文化学理论为商务翻译提供了深厚的理论基础和解释力，帮助翻译者更好地理解原文的文化内涵，实现准确的翻译。

1. 文化差异的认知

商务翻译涉及不同国家、不同语言和文化背景下的商务沟通。文化学理论揭示了不同文化之间的差异，这些差异在商务翻译中体现为语言、习俗、价值观等方面的不同。例如，在中国文化中，“龙”是吉祥、尊贵的象征，而在西方文化中，“dragon”则往往与邪恶、凶猛相联系。因此，2024 年作为中国人的龙年，人们不再用“Happy Dragon’s Year!”来表达祝福，而是衍生了我们自己的表达方式“Happy Loong Year!”翻译者需要认识到这些差异，避免在翻译过程中出现误解和冲突。

2. 文化背景的把握

商务翻译需要深入理解原文的文化背景，包括历史、地理、社会等方面的因素。文化学理论为翻译者提供了深入的文化背景分析，帮助翻译者更好地理解原文的文化内涵。例如，在翻译商务合同、协议等法律文件时，翻译者需要了解不同国家的法律制度和商业习惯，以确保翻译的准确性和合法性。

3. 文化意象的传递

商务翻译中经常涉及一些具有特定文化意象的词汇和表达。这些词汇和表达在源语言中可能具有丰富的文化内涵，但在目标语言中可能找不到完全对应的表达。文化学理论揭示了不同文化中意象的特点和差异，为翻译者提供了传递文化意象的方法和策略。翻译者可以通过意译、增译、注释等方式，在目标语言中传达原文的文化意象。

4. 跨文化交际的指导

商务翻译是一种跨文化交际行为，需要翻译者具备跨文化交际能力。文化学理论为翻译者提供了跨文化交际的理论指导和实践建议。翻译者需要了解不同文化背景下的语言习惯、价值观念和社会规范，以便在翻译过程中进行恰当的调整。同时，翻译者还需要注重目标读者的文化背景和阅读习惯，以确保翻译的准确性和可理解性。

（三）文化学理论在商务翻译中的实践应用

在商务翻译实践中，翻译者可以运用文化学理论进行以下操作。

1. 对原文进行深入的文化背景分析，理解其文化内涵和意图。
2. 根据目标读者的文化背景和阅读习惯，选择合适的翻译策略和方法。
3. 注意传递原文中的文化意象和文化特色，保持文化的多样性和丰富性。
4. 在翻译过程中进行跨文化交际的考虑和调整，避免文化冲突和误解。

文化学理论在商务翻译中具有重要的解释力和应用价值。通过运用文化学理论，翻译者可以更好地理解原文的文化内涵和意图，实现准确的翻译和跨文化交际。在全球化的背景下，加强文化学理论在商务翻译中的研究和应用，对于促进国际经贸合作、文化交流具有重要意义。

四、交际学视角下的跨文化商务翻译

（一）交际学的翻译理论概述

交际学的翻译理论主要关注翻译过程中的交际行为和信息传递效果。它认为翻译是一种跨文化的交际活动，旨在通过另一种语言传达原文的信息、意义和文化内涵。这一理论强调以下几个方面。

1. 交际目的

翻译的首要目的是实现交际的目的和效果。翻译者需要关注原文的交际意图，确保译文能够准确传达原文的信息和意图。

2. 信息传递

交际学的翻译理论强调信息的准确传递。翻译者需要深入理解原文的信息内容，用准确、流畅的目标语言表达出来，确保信息在传递过程中不失真。

3. 文化差异

交际学的翻译理论重视文化差异的处理。翻译者需要了解不同文化背景下的语言习惯、价值观念和社会规范，以便在翻译过程中进行恰当的文化转换和调整。

4. 交际场景

交际学的翻译理论还强调交际场景的重要性。翻译者需要根据具体的交际场景选择合适的翻译策略和技巧，以确保译文与交际场景相契合。

以下是几个基于交际学的翻译理论的具体例子。

1. 商务翻译

在商务翻译中，交际学的翻译理论强调翻译者需要了解不同国家的商业文化和习惯，以便在翻译过程中进行恰当的文化转换和调整。例如，在翻译商务合同时，翻译者需要了解不同国家的法律制度和商业习惯，以确保译文的准确性和合法性。同时，翻译者还需要关注原文的交际意图，确保译文能够准确传达原文的商务信息和意图。

2. 旅游翻译

在旅游翻译中，交际学的翻译理论强调翻译者需要了解不同国家的旅游文化和习惯，以便在翻译过程中进行恰当的文化转换和调整。例如，在翻译旅游景点介绍时，翻译者需要了解目标语言国家的旅游文化和习惯，用符合目标语言读者阅读习惯的语言表达原文的信息。同时，翻译者还需要关注原文的交际意图，确保译文能够吸引目标语言读者的兴趣并激发他们的旅游欲望。

3. 文学翻译

在文学翻译中，交际学的翻译理论强调翻译者需要深入理解原文的文化内涵和作者的创作意图，以便在翻译过程中进行恰当的文化转换和调整。例如，在翻译古典文学作品时，翻译者需要了解原文所处的历史背景和文化环境，用符合目标语言读者阅读习惯的语言表达原文的文化内涵和作者的创作意图。同时，翻译者还需要关注原文的交际意图和读者的接受程度，确保译文能够引起目标语言读者的共鸣并传达原文的艺术魅力。

交际学的翻译理论为翻译实践提供了重要的理论支撑和指导意义。通过深入理解原文的交际意图和文化内涵、关注信息传递和文化差异以及考虑交际场景等因素，翻译者可以实现更准确的翻译和更有效的跨文化交际。

（二）交际学理论在商务翻译中的实践

交际学理论强调交际的双向性、互动性和文化性，认为交际是信息发送者和接收者之间通过语言或非语言手段进行的互动过程。在商务翻译中，交际学理论的应用主要体现在以下几个方面。

1. 明确交际目的

商务翻译的首要任务是明确交际目的，即确保译文能够准确传达原文的商业意图和目的。翻译者需要深入理解原文的交际意图，确保译文在目标语言文化背景下具有相同的交际效果。

2. 注重信息传递

商务翻译要求翻译者准确传递原文的信息内容，包括商业信息、合同条款、产品说明等。翻译者需要深入理解原文的信息内涵，用准确、流畅的目标语言表达出来，确保信息在传递过程中不失真。

3. 处理文化差异

商务翻译涉及不同国家和地区的文化差异，翻译者需要了解不同文化背景下的语言习惯、价值观念和社会规范，以便在翻译过程中进行恰当的文化转换和调整。

4. 关注交际场景

商务翻译需要根据具体的交际场景选择合适的翻译策略和技巧。例如，在商务谈判中，翻译者需要快速准确地传达双方的意见和立场；在商务会议中，翻译者需要准确理解并传达会议的主题和议程。

以下是几个基于交际学理论的商务翻译实践例子。

1. 合同翻译

在合同翻译中，翻译者需要明确原文的交际目的，即确保合同双方的权利和义务得到明确表达。翻译者需要深入理解合同条款的法律含义和商业意图，用准确、严谨的目标语言表达出来。同时，翻译者还需要注意不同法律体系和商业习惯之间的差异，进行恰当的文化转换和调整。

2. 产品说明书翻译

在产品说明书翻译中，翻译者需要准确传递产品的功能、使用方法、注意事项等信息。翻译者需要深入理解原文的信息内涵，用简洁明了的目标语言表达出来。同时，翻译者还需要注意目标语言读者的阅读习惯和文化背景，确保译文易于理解和接受。

3. 商务邮件翻译

在商务邮件翻译中，翻译者需要快速准确地传达邮件的主题、内容和意图。翻译者需要深入理解邮件的交际背景和目的，用恰当的语言风格和表达方式传达原文的信息。同时，翻译者还需要注意邮件的礼貌性和专业性，确保译文符合商务交际的规范和要求。

五、跨文化商务翻译的理论创新与发展

（一）现有理论的局限性与改进

跨文化商务翻译在国际商务活动中占据着举足轻重的地位，它不仅是语言的转换，更是文化的交流与融合。然而，尽管现有的跨文化商务翻译理论已经取得了一定的成果，但在实际操作中仍面临诸多挑战和局限性。

1. 跨文化商务翻译的现有理论局限性

（1）文化差异处理的简化。现有的跨文化商务翻译理论在处理文化差异时，往往采用简化或标准化的方法。这种方法虽然在一定程度上能够减少误解和冲突，但也容易忽略原文中的文化特色和细节，导致译文失去原有的韵味和深度。

（2）交际意图理解的片面性。商务翻译中的交际意图往往复杂多变，而现有的翻译理论在理解交际意图时往往过于片面。翻译者可能只关注文本的表面意义，而忽略了文本背后的商业意图、文化背景和交际场景等因素，导致译文无法准确传达原文的意图。

（3）翻译策略的单一性。现有的跨文化商务翻译理论在翻译策略上往往过于单一，缺乏灵活性和多样性。翻译者可能只采用一种或几种固定的翻译方法，而忽略了不同文本、不同文化和不同交际场景下的差异性和特殊性，导致译文的质量参差不齐。

（4）对技术辅助的忽视。随着科技的发展，人工智能、机器学习等技术在翻译领域的应用越来越广泛。然而，现有的跨文化商务翻译理论在对待技术辅助翻译时往往持保守态度，忽视了这些技术带来的便利和效率提升。

2. 跨文化商务翻译理论的改进策略

（1）加强文化敏感性和深度。在商务翻译过程中，为了更好地处理文化差异，译者需要充分了解源语和译入语的文化背景并加强对不同文化的敏感性和深度理解以避免文化差异导致的误解。在翻译过程中，应充分考虑原文中的文化特色和细节，采用恰当的翻译方法和策略，以确保译文能够准确传达原文的文化内涵和韵味。通过加强跨文化意识，译者可以更好地理解商务文本中的文化内涵，从而提高翻译的准确性。

（2）全面理解交际意图。为了更准确地传达原文的交际意图，翻译者需要全面理解文本背后的商业意图、文化背景和交际场景等因素。在翻译过程中，应关注文本的整体语境和上下文关系，以确保译文能够准确传达原文的意图和目的。

（3）灵活应用翻译策略。为了应对不同文本、不同文化和不同交际场景下的差异性和特殊性，翻译者需要灵活应用直译、意译、归化、异化等翻译方法。在翻译过程中，应根据实际情况选择合适的翻译策略和方法，以确保译文的质量和效果。例如，直译法适用于传达源语商务文本的具体含义；意译法适用于传达文本的功能和目的；归化和异化策略则有助于在译入语文化中保持源语文化的特点。此外，为了使译文更加符合译入语读者的理解和接受，译者有时需要对原文进行增补或删减。增补是为了使译文完整、清晰，删减则是为了消除文化差异带来的困境。

（4）积极利用技术辅助翻译。随着人工智能、机器翻译等技术的发展，译者可以借助这些技术工具提高翻译效率和质量。同时，大数据和互联网资源也为译者提供了丰富的参考资料和实时更新的信息，有利于提高跨文化商务翻译的准确性。为了提高翻译效率和质量，翻译者应积极利用人工智能、机器学习等技术辅助翻译。这些技术可以帮助翻译者快速准确地完成翻译任务，同时还可以提高译文的准确性和流畅性。此外，值得一提的是随着多媒体和互联网技术的发展，商务翻译不仅限于文字层面，还涉及语音、图像、视频等多种形式。因此，跨文化商务翻译理论的新趋势之一是研究如何在不同媒体和渠道下进行有效的跨文化交际。

跨文化商务翻译在国际商务活动中发挥着重要作用，但现有的翻译理论仍存在诸多局限性。为了克服这些局限性并提高翻译质量，我们需要加强对不同文化的敏感性和深度理解、全面理解交际意图、灵活应用翻译策略以及积极利用技术辅助翻译等方面的改进。只有这样，我们才能更好地应对跨文化商务翻译中的挑战和问题，推动国际商务活动的顺利开展。

（二）跨文化商务翻译理论的新趋势

在全球化的浪潮下，跨文化商务翻译作为国际商务交流的重要桥梁，其理论研究和实践应用都呈现出新的发展趋势。这些新趋势不仅反映了翻译学科的进步，也体现了对全球化背景下商务交流深层次需求的响应。

1. 文化敏感性与适应性的提升

随着国际交流的日益频繁，文化差异对商务翻译的影响越发显著。因此，跨文化商务翻译理论越来越强调文化敏感性和适应性的提升。翻译策略越来越注重如何在保持原语信息不变的基础上，使译文符合译入语文化的规范和期望。这包括对译文的风格、语气、修辞等方面进行调整，以实现更好的跨文化沟通效果。这就要求翻译者不仅要深入了解源语言和目标语言的文化背景，还要能够准确识别和应对文化差异带来的挑战，以实现翻译中的文化适应和文化对等。

2. 交际意图的精准把握

商务翻译的核心在于准确传达交际意图。随着商务活动的日益复杂，交际意图的精准把握成为翻译成功与否的关键。跨文化商务翻译理论正朝着更加注重交际意图精准把握的方向发展，强调翻译者需要全面理解商务文本的背景、目的和受众，以确保译文能够准确传达原文的交际意图。

3. 翻译策略的多样化与灵活性

传统的商务翻译往往采用固定的翻译策略和方法。然而，在全球化的背景下，商务交流的多样性和复杂性要求翻译策略必须具有多样化和灵活性。跨文化商务翻译理论正逐步接受和推崇多样化、灵活性的翻译策略，以适应不同商务文本、不同文化和不同交际场景的需求。

4. 技术辅助翻译的广泛应用

随着人工智能、大数据等技术的快速发展，技术辅助翻译在商务翻译中的应用越来越广泛。这些技术不仅提高了翻译效率，还提升了翻译的准确性和一致性。跨文化商务翻译理论正积极拥抱技术辅助翻译，探索人机协同翻译的新模式，以应对全球化背景下商务翻译的新挑战。不可否认，人工智能技术的发展为商务翻译提供了新的机遇和挑战。翻译者可以借助人工智能工具提高翻译效率和质量，同时仍需要注意人工智能在跨文化商务翻译中的应用限度，以确保译文的准确性和文化适应性。

5. 跨学科研究的深入

跨文化商务翻译研究逐渐从单一的语言学层面扩展到更广泛的跨学科领域，如跨文化交际学、文化研究、心理学、社会学等。这一趋势体现在对商务翻译的理解不再局限于语言转换，而是关注如何在翻译过程中有效传达文化信息，实现跨文化交际的目的。因此，跨学科研究成为跨文化商务翻译理论的新趋势。这种跨学科研究有助于翻译者从多个角度深入理解商务文本和商务交流，从而提供更加全面、准确的翻译服务。

第三章

跨文化商务翻译中的语言学理论

一、语义学与跨文化商务翻译

（一）语义学的核心概念

在全球化的大背景下，跨文化商务翻译的重要性日益凸显。它不仅涉及语言的转换，更涉及文化的交流与融合。语义学作为语言学的重要分支，在跨文化商务翻译中扮演着至关重要的角色。本章节旨在探讨跨文化商务翻译中的语言学理论，特别是语义学的核心概念。跨文化商务翻译是指在不同文化背景和语境下进行的商务文本翻译，它要求译者不仅具备扎实的语言功底，还需要对源语和目标语的文化背景有深入的了解。在翻译过程中，译者需要充分考虑两种文化的差异，以确保翻译的准确性和得体性。语义学是研究语言意义的学科，它关注语言符号与其所指代事物之间的关系。在跨文化商务翻译中，语义学的核心概念主要包括以下几个方面。

1. 语义

语义是指语言符号所表达的意义。在跨文化商务翻译中，语义的传递是翻译的核心任务。译者需要准确理解源语文本中的语义信息，并将其转化为目标语读者能够理解的形式。同时，由于不同文化背景下的语义差异，译者还需要对语义进行适当的调整，以确保翻译的准确性。

2. 词义

词义是指词语在某个语境中的意义。在跨文化商务翻译中，词义的理解与选择对翻译质量具有重要影响。由于不同文化背景下的词汇差异，同一词语在不同文化中可能具有不同的词义。因此，译者需要根据具体语境选择合适的词义，以确保翻译的准确性和得体性。

3. 合成

合成是指由两个或更多词组成的新词。在跨文化商务翻译中，合成词的翻译需要注意其整体意义，而非简单地将各个词汇的意义相加。译者需要理解合成词的构成方式和文化背景，以确保翻译的准确性和流畅性。

4. 借词

借词是指从一种语言借入某一个词汇。在跨文化商务翻译中，借词的翻译需要注意其文化背景和语境。由于借词可能带有源语文化的特殊含义，因此译者需要谨慎处理借词的翻译，以避免产生误解或歧义。

5. 意指

意指是指词语、短语和句子所表达的真实含义。在跨文化商务翻译中，意指的理解对翻译质量具有重要影响。由于不同文化背景下的语用差异，同一句话在不同文化中可能具有不同的意指。因此，译者需要深入理解源语文本的意指，并将其准确地传达给目标语读者。

6. 意象

意象是指人们在头脑中形成的与感官经验相关的形象。在跨文化商务翻译中，意象的翻译需要注意其文化背景和语境。由于不同文化背景下的意象差异，同一意象在不同文化中可能具有不同的文化内涵。因此，译者需要谨慎处理意象的翻译，以确保其文化内涵的准确传达。

语义学在跨文化商务翻译中扮演着至关重要的角色。通过深入理解语义学的核心概念，译者可以更加准确地理解和传达源语文本的意义，从而确保翻译的准确性和得体性。同时，随着全球化的不断深入，跨文化商务翻译的需求将不断增加，对语义学的研究和应用也将提出更高的要求。

（二）语义学在商务翻译中的应用

语义学相关理论认为，短语并不是由一堆毫无联系的单词组合而成。相反，短语是由一些在意义上相互联系的词语组成，也就是词语之间构成的相互关联的网络，这个网络体系就被称之为语义场。在商务英语专业核心课程教学中，会涉及很多专业词汇、术语、习惯表达与固定搭配。如果适当运用语义学基本原理和相关概念，能够更加高效地帮助学习者掌握其准确含义，并了解其实际运用。可以将单词和短语按照不同主题进行分类，每个主题下的词汇由于语义上的联系形成了记忆中的词汇套，构成不同的语义场，形成完备的词汇体系。学习者能够在系统化的词汇学习中，建立有规律的词汇范畴，提高学习效率。此外，还可以将具有相同或相反的意义词汇进行分类，通过联想记忆法来帮助学习者拓展思维、习得语言。商务英语专业词汇教学不应该是单纯的词义解释和填鸭灌输，而要帮助学生能够将所学词汇运用到对外交流和外贸业务的实践活动中。在词汇教学的过程中，要始终坚持以学生为中心，努力提高其语义认知能力。作为词汇教学的实施者，教师可以通过语义场，并在教学中进行实践和完善，才能从真正意义上实现教学相长，提高教学质量和效果，推动英语教学改革与发展。

1. 语义学与阅读教学

篇章阅读的基本要素是词汇和句子，对词汇、句子结构的分析在阅读中有着举足轻重的作用。这样的分析绝对不能只停留在语言的表面形式上，而应着重关注语言的具体意义及其作用。语义学当中的概念隐喻和语篇分析在这一过程中能够帮助阅读者挖掘篇章深层含义，准确把握篇章主旨。

（1）隐喻。概念隐喻理论认为隐喻是从一个具体的概念域向一个抽象的概念域的系统映射。在商务英语专业核心课程的阅读教学中，常利用某些隐喻的功能来解释抽象、复杂的概念，从而帮助学生理解篇章内容，掌握篇章主题。在阅读教学的过程中，应帮助学生开启隐喻思维模式，实践学生头脑中的隐喻认知功能。并通过阅读教学过程，打开学生的想象，提高学生的分析能力、判断能力和推理能力，从而通过上下文的认知来更为有效地理解篇章。在商务英语专业核心课程的阅读教学中，不难发现篇章中有些词语的隐喻含义是根据具体的语境产生的。因此，篇章的阅读需要学生必须在一定程度上理解作者所使用的修辞方法以及论证方式，还要进一步了解基于篇章阅读的背景知识，包括作者的认知范畴、思维模式以及其文化背景，甚至还有必要熟悉作者的个人喜好、主要观点以及基本思路。教师在完成阅读教学和实践时，可重点提示某些词汇、句子、段落的隐喻功能，帮助学生正确了解背后的隐喻含义。阅读教学和实践的过程绝对不是被动的语言解码，而应是积极构建意义的过程。对于具备共通性的中英文隐喻，只需要教师稍事提醒，帮助学生分析隐喻概念，即可了解篇章的主旨，了解篇章的主要内容；对于英语独有的隐喻表达，则需要教师进行必要的背景补充，即通过具体熟悉的事物来理解陌生复杂的认知范畴；而对于具备冲突性的中英文隐喻，则需要教师进行进一步的背景挖掘和语料研究，然后再进行讲解和分析，避免矛盾和冲突。总之，在商务英语专业核心课程的阅读教学中引入对学生隐喻思维能力的培养，符合语言学普遍认知规律，同时有助于激发学生二语习得的兴趣，提高学生阅读理解能力。

（2）语篇。语篇即在交际过程中实际使用的语言单位，是由一系列连续的语段或句子所构成的语言整体。构成语篇的各成分之间在形式上是关联的，在语义上是连贯的。在商务英语专业核心课程的传统阅读教学过程中，教师往往将篇章划分为几个部分，然后针对每部分开展单词、短语的学习。在完成词汇的认知后，再组合成句子、段落进行理解。虽然学生能够掌握一定的词汇和短语的具体使用，拓展了词汇量，但是难以从整体上把握篇章的主旨，理解作者的意图，熟悉篇章的框架，缺乏整体性。在商务素材的阅读过程中引入语篇分析的方式，能够提高阅读效率，理解篇章主旨。所谓语篇分析，是针对超出单句长度的句子或这些句子所构成的段落进行的语言分析。语篇分析主要包括衔接和连贯两种方式。衔接即体现在语篇当中的具体表达，是通过英语语法体系、语用学相关原理来剖析词义、句法和句子之间的关系来完成语篇衔接的方法；连贯是没有体现在语篇当中的抽象表达，即词汇、句子、段落在意义上的衔接。阅读的过程实际上是语言交际的过程，即交际者通过积极的思维来完成对书面素材的识别和理解。在阅读教学的过程中，教师要注重分析语篇的结构，分析句子与句子之间、段落与段落之间在形式上或意义上的连接和衔接。此外还要通过连接和衔接为主的语篇分析方法，推导出句子与句子之间、段落与段落之间的逻辑关系，从而做到理解整个篇章。

2. 语义学与翻译教学

语义学的基本原理同样可以运用在商务英语核心课程的翻译教学过程中。众所周知，翻译的过程实际上是由译者跨越语言、文化、时空等范畴完成的交际活动。而语言交际活动离不开具体的环境，从这个意义上说，翻译质量的高低与语言交际存在的环境有着千丝万缕的关系，绝对不能割裂开来。理解翻译素材的原文意义要根据源语言存在的环境，一旦脱离了具体的语境，那么就很难做到正确理解语篇的主旨大意，出现源语言和目标语言的不对等甚至出现矛盾对立的情况。语义学的研究意义在于研究语义结构，即基于意义的成分分析；研究语义关系，比如同义词、反义词；研究句子的整体意义，词汇意义、语法关系，如句意或作文原则；研究语言与现实世界的关系。将语言学上述原理融入翻译教学实践中，运用意义的成分分析法，对词语的意义进行深层细致的解析，能够精确区分词义的细微差别，避免模糊或重叠的现象。此外，语义学界定的四个语义范畴也对翻译教学有着极大的启示，即事件范畴、事物范畴、抽象范畴、关系范畴，并以此来区分和研究词类。语义学为指导商务英语专业核心课程的翻译教学与实践重点强调，语言的差别不在于表层的句子结构，因为在深层结构上任何语言都是类似的。同样的句子结构可能会产生完全不同的意义，而即使不同的句子结构也有可能具有相同的意义。这样一来，作为译者我们可以做到尽量避免受源语言句子结构的影响，能够更加准确地分析成分，实现目标语言的精准对应。因此，语义学的相关原理与翻译教学与实践有着紧密的关系，换句话说，对语义学研究得越深入，越能提高翻译教学的效率，实践翻译实践的价值。

3. 语义学在商务翻译中的重要性

商务翻译要求译者准确理解源语文本的信息，并将其转化为目标语读者易于理解的形式。语义学作为研究语言意义的学科，为商务翻译提供了重要的理论支持。它帮助译者深入理解文本中的词汇、短语和句子的具体含义，以及这些语言单位在特定语境下的特定意义。同时，语义学还关注语言的逻辑关系和语义结构，有助于译者更好地把握文本的整体意义和意图。具体而言，语义学在商务翻译中的重要性主要体现在以下几个方面。

（1）准确性。商务翻译需要确保信息的准确传递，避免因语言表达差异而导致的理解偏差。语义学有助于译者深入理解原文的内涵和外延，确保翻译过程中的词语搭配、句子结构和表达方式都符合原文的意义。

（2）专业性。商务翻译涉及诸多专业领域，如金融、贸易、市场营销等。语义学有助于译者掌握各领域的专业术语和表达方式，保证翻译内容的专业性和准确性。

（3）文化适应性。不同国家和地区具有独特的商业文化和习惯，商务翻译需要充分考虑这些文化差异。语义学有助于译者了解不同文化的语言表达方式和价值观，使翻译更加符合目标受众的文化背景和接受习惯。

（4）表达流畅性。商务翻译要求译文表达流畅，易于理解和接受。语义学有助于译者在翻译过程中调整词语和句子的结构，使译文更加通顺、自然。

（5）礼仪的得体性。商务翻译需要遵循一定的商业礼仪和表达规范。语义学有助于译者掌握不同语言中的礼貌表达和禁忌，确保翻译内容符合商务场合的要求。

（6）数据的准确性。商务翻译中常常涉及数字和数据，如报价、销售额、市场份额等。语义学有助于译者准确地理解和表达这些数字和数据，避免因翻译错误而导致的商务损失。

总之，语义学在商务翻译中具有重要作用。掌握语义学知识可以使译者在商务翻译过程中更加准确、专业、自然地传递信息，促进国际贸易和文化交流。在挑选商务翻译服务时，应注意译者的语义学素养和专业知识，以确保翻译质量。

4. 语义学在商务翻译中的具体应用

（1）词义辨析与选择。商务文本中往往包含大量专业术语和行业用语，这些词汇在不同语境下可能具有不同的含义。语义学中的词义辨析方法可以帮助译者准确理解这些词汇在特定商务语境下的具体含义，从而选择最恰当的译文。例如，在翻译“offer”一词时，根据商务语境的不同，它可以被译为“报价”“提议”或“优惠”等。

（2）语境分析与理解。商务文本中的语言往往具有特定的语境和背景信息。语义学强调语境对语言意义的影响，帮助译者深入分析文本背后的文化、社会和商业背景，从而更准确地理解文本的意义和意图。例如，在翻译涉及不同商务文化和商业惯例的文本时，语义学的语境分析方法可以帮助译者避免误解和歧义。

（3）逻辑关系梳理与表达。商务文本通常包含复杂的逻辑关系和语义结构。语义学中的逻辑分析方法可以帮助译者梳理文本中的逻辑关系，确保译文的逻辑性和连贯性。同时，语义学还关注文本信息的传递方式，指导译者选择最合适的语言结构来表达原文的信息和意图。例如，在翻译商务合同或协议时，译者需要准确理解原文中的条件、义务和权利等逻辑关系，并在译文中进行清晰、准确的表达。

（4）文化差异处理与协调。商务翻译往往涉及不同文化背景和商业习惯的交流。语义学关注不同语言和文化背景下的语言差异和意义变化，帮助译者识别和处理这些差异，确保译文的准确性和得体性。在处理文化差异时，译者需要运用语义学的知识来分析和理解原文中的文化内涵和意图，并在译文中进行恰当的调整和表达。

二、语用学与跨文化商务翻译

（一）语用学的理论框架

语用学，作为语言学的一个重要分支，专注于研究语言在具体使用中的意义、功能和效果。它不仅关注语言的结构和形式，更侧重于探究语言在实际交流中的使用规律及其背后的社会、文化和心理因素。语用学的理论框架为理解和分析语言使用提供了全面的视角和丰富的工具。

1. 语用学的核心概念

在构建语用学的理论框架之前，我们首先需要明确几个核心概念。

（1）语境。语用学中的语境是指语言使用的具体环境，包括物理环境、社会环境、文化环境和心理环境等。语境对于理解语言的意义和功能至关重要。

（2）言语行为。言语行为是指人们通过语言进行的各种社会活动，如请求、命令、承诺、道歉等。言语行为理论强调语言不仅是信息的载体，更是一种行为。

（3）隐含意义。隐含意义是指言外之意，即说话人未明确说出但意图传达的信息。语用学关注如何通过语言来理解和传达隐含意义。

2. 语用学的理论框架

（1）言语行为理论。言语行为理论是语用学的核心理论之一，由英国哲学家 J. L. Austin 提出。该理论认为，人们在使用语言时不仅是在传递信息，更是在进行各种言语行为。这些言语行为包括言内行为（即说出句子）、言外行为（即句子的意图）和言后行为（即句子对听话人产生的影响）。言语行为理论强调语言的社会性和互动性，为我们理解语言的使用提供了重要视角。

（2）会话含义理论。会话含义理论由英国哲学家 H. P. Grice 提出，是语用学的另一重要理论。该理论建立在合作原则的基础上，旨在解释人们在日常对话中如何理解言外之意。在言语交际过程中，为了保证对话的顺利进行，参与者需要遵循一定的准则，同时考虑到对话的目的和意图。通过这些原则，我们可以推断出说话人的意图，帮助听者给出相应的回应，提供所需的信息，使对话顺利进行。

会话含义理论主要包括以下几个方面。

①合作原则（Cooperation Principle）。在对话过程中，为了达到有效的沟通，参与者需要遵守一些基本原则，如诚实、明确、简洁等。合作原则包括四条准则：

- 质量准则（Quality Maxim）。说话人应尽量提供真实、有根据的信息。
- 数量准则（Quantity Maxim）。说话人应提供足够的信息，但不应过于冗长。
- 相关性准则（Relevance Maxim）。说话人应确保话语与对话主题相关。
- 方式准则（Manner Maxim）。说话人应采用清晰、有条理的表达方式。

②会话含义（Conversational Implicature）。会话含义是指在对话中隐含的意义，即说话人通过言语所要表达的深层含义。会话含义可分为两类：

- 一般性会话含义（Generalized Conversational Implicature）。不需要特殊语境即可推导出的含义。例如，在句子“X went into a house yesterday and found a tortoise inside the front door.”中，不定冠词“a house”具有的一般性会话含义是：这幢房子不是自己的。
- 特殊性会话含义（Specific Conversational Implicature）。需要特定语境才能推导出的含义。例如，在句子“Can you pass me the salt?”中，说话人可能真正想要表达的是“Please pass me the salt.”

③礼貌原则（Politeness Principle）。为了保持良好的人际关系，对话双方在遵守合作原则的基础上，还需要考虑礼貌。礼貌原则包括以下几点：

- 最大限度地增加赞誉（Maximize Appreciation）。尽量表达对对方的尊重和赞誉。

- 最大限度地减少贬损（Maximize Non-criticism）。尽量避免对对方产生负面评价。

- 尊重对方的隐私（Respect for Privacy）。不要过多涉及对方的私事。

- 保持一致性（Consistency）。在对话中保持一致的态度和立场。

会话含义理论在解释日常对话中的言外之意方面具有很大的启示作用，但也有其局限性，如在复杂语境中的解释力不足，以及难以处理暗示、讽刺等修辞手法。尽管如此，会话含义理论为语用学提供了理论基础，对于理解人类交际行为具有重要意义。

（3）关联理论

关联理论（Relevance Theory）是英国学者斯珀伯（Sperber）和威尔逊（Wilson）于1986年提出的一种语用学理论。关联理论主要关注自然语言的理解和解释，强调语言理解过程中关联性的重要作用。根据关联理论，语言理解的核心是寻找说话者与听者之间的关联，这个过程涉及认知、推理和语境等方面的因素。关联理论主要包括以下几个方面。

①认知原则（Cognitive Principle）。关联理论认为，人类在理解和解释自然语言时，总是试图寻找最关联的假设。认知原则强调，关联性是自然语言理解的一个基本原则，人们在交际过程中应根据关联性来推断意义。

②交际原则（Communication Principle）。关联理论认为，交际是一个寻求关联的过程。在交际中，说话者通过传递信息来表达意图，听者则根据关联性来理解这些信息。交际原则强调，关联性是指导交际成功的重要因素。

③最佳关联（Optimal Relevance）。最佳关联是指在特定语境下，说话者与听者之间存在的最佳关联程度。关联理论认为，为了实现有效的交际，说话者应尽量传递具有高度关联性的信息，而听者则应努力寻找与语境最为契合的意义。

④语境关联（Contextual Relevance）。关联理论强调语境在理解自然语言过程中的重要作用。语境关联指的是，在特定语境下，说话者与听者之间的关联程度。关联理论认为，理解语境是寻找关联的关键，因为语境可以为交际提供有关信息，有助于理解话语的真实意义。

⑤翻译与关联理论。关联理论在翻译领域也有着广泛的应用。翻译过程

中，译者需要根据关联性来判断原文的意义，并在 target language 中寻找与之对应的表达。关联理论强调，翻译的本质是寻找关联，通过语境和推理来正确理解原文并进行恰当的传达。

总之，关联理论是一种关注自然语言理解和交际的语用学理论。它强调关联性在语言理解、交际和翻译过程中的重要性，为研究语言学、心理学、哲学等多个领域提供了一个统一的理论框架。

（4）语用研究方法

语用学的研究方法包括对话分析、语料库语言学和实验语用学等。这些方法为我们收集和分析语言使用数据提供了有效手段。对话分析关注人们在对话中如何交流和使用语言；语料库语言学通过构建和分析大型语料库来揭示语言的使用规律和习惯；实验语用学则通过实验方法来研究语言使用的规律和效果。这些研究方法为语用学的实证研究提供了有力支持。

（二）语用学对商务翻译的指导意义

商务翻译不仅仅是语言的转换，更是信息的传递、文化的交流和商业价值的实现。在商务翻译过程中，译者需要准确理解源语文本的信息，并充分考虑目标语读者的文化背景和语用习惯，以确保翻译的准确性和得体性。语用学作为研究语言使用的学科，其理论框架和研究方法为商务翻译提供了重要的指导。

1. 强调语境的重要性

语用学强调语境对语言意义的影响，认为语言的意义是在具体语境中产生的。在商务翻译中，译者需要充分理解源语文本的语境，包括文化背景、商业环境、行业规范等，以确保翻译的准确性和恰当性。例如，在翻译商务合同或协议时，译者需要了解合同或协议的具体条款、法律背景和商业惯例，以确保翻译的准确性和法律效力。

2. 注重言语行为的理解

语用学中的言语行为理论认为，人们在使用语言时不仅是在传递信息，更是在进行各种言语行为。在商务翻译中，译者需要准确理解源语文本中的言语行为，包括请求、命令、承诺、道歉等，并在译文中进行恰当的表达。这要求译者具备深厚的语言功底和跨文化交际能力，能够准确理解源语文本中的意图和态度，并在译文中进行准确的传达。

3. 关注隐含意义的传达

语用学关注隐含意义的传达，认为人们在交流时往往通过隐含意义来表达自己的意图和态度。在商务翻译中，译者需要关注源语文本中的隐含意义，包括弦外之音、言外之意等，并在译文中进行恰当的传达。这要求译者具备敏锐的洞察力和丰富的翻译经验，能够准确捕捉源语文本中的隐含意义，并在译文中进行恰当的表达。

4. 指导翻译策略的选择

语用学的理论框架和研究方法为商务翻译提供了多种翻译策略的选择。例如，在翻译商务合同或协议时，译者可以采用直译或意译的策略，以确保翻译的准确性和法律效力；在翻译商务信函或邮件时，译者可以采用归化或异化的策略，以适应目标语读者的文化背景和语用习惯。语用学的理论支持可以帮助译者根据具体情况选择合适的翻译策略，以提高翻译的质量和效果。

三、文本类型与跨文化商务翻译

（一）文本类型理论概述

文本类型理论最初由德国功能主义学派的代表人物卡塔琳娜·莱思（Katharina Reiss）在《翻译批评：潜力与制约》一书中提出。该理论以语言的功能为基础，将文本划分为不同的类型，并探讨了这些类型文本的特点和翻译方法。此后，该理论经过多位学者的补充和发展，逐渐形成了较为完善的理论体系。

1. 文本类型分类

根据文本类型理论，文本通常被分为以下几种类型。

（1）信息型文本（Informative Texts）。信息型文本主要关注事实、信息、知识、观点等的传递。这类文本的语言特点是逻辑性较强，文本的焦点是内容而不是形式。在翻译时，应以简朴明了的白话文传递与原文相同的概念与信息，确保信息的准确性和完整性。

（2）表情型文本（Expressive Texts）。表情型文本主要用于表达信息发送者对人对物的情感和态度。这类文本的语言具有美学的特征，侧重点是信息发送者及其发送的形式。在翻译时，应采用仿效法，以使译文忠实于原作者或原文的风格和形式。

（3）操作型文本（Operative Texts）。操作型文本旨在感染或说服读者并使其采取某种行动。它以读者和效果为导向，语言形式通常具有对话的性质，其关注点是信息的接受者，侧重于感染的作用。在翻译时，可用编译或适应性的方法以达到感染读者的目的。此外，莱思还提到了视听媒体类型（Audiomedial Texts），但这一类型并非基于语言功能划分，而是使用的形式，因此在实际应用中较少被单独提及。

2. 文本类型与翻译策略

文本类型理论强调，不同的文本类型需要采用不同的翻译策略。信息型文本应采用语义翻译，以准确传递原文的信息；表情型文本应采用交际翻译，以忠实于原文的风格和形式；操作型文本则可采用编译或适应性的方法，以达到感染读者的目的。这种分类和策略的指导有助于译者在翻译过程中更好地把握文本的特点和翻译要求，提高翻译质量。

（二）不同文本类型在商务翻译中的处理

在商务活动中，翻译扮演着至关重要的角色，它不仅是语言之间的转换，更是商业信息和文化价值的传递。商务翻译涉及多种文本类型，每种类型都有其独特的语言特点和翻译要求。本文将探讨不同文本类型在商务翻译中的处理方法和策略，以期提高商务翻译的准确性和专业性。

1. 商务翻译中的文本类型

商务翻译中的文本类型多种多样，主要包括合同、信函、报告、广告、产品说明书等。这些文本类型在商务活动中具有不同的功能和作用，因此翻译时需要采用不同的处理方法和策略。

2. 不同文本类型的翻译处理

（1）合同文本的翻译。合同文本是商务翻译中最为严谨和正式的一种类型。在翻译合同时，应确保译文的准确性和法律效力。首先，译者应深入理解合同的内容和条款，明确各方的权利和义务。其次，在翻译过程中，应采用正式、规范的语言，确保译文的准确性和权威性。此外，对于合同中的专业术语和法律条款，译者应进行准确翻译，避免出现歧义或误解。

（2）信函文本的翻译。商务信函是商务活动中常用的沟通工具，其语言通常较为正式和礼貌。在翻译商务信函时，应注意保持原文的语气和风格，以传递原文的意图和态度。同时，译者应准确翻译信函中的关键信息，如日期、收件人、主题等，以确保信息的准确性和完整性。此外，对于信函中的礼貌用语和客套话，译者也应进行适当的翻译和调整，以符合目标语言的表达习惯。

（3）报告文本的翻译。商务报告是商务活动中重要的信息传递工具，其语言通常较为客观和严谨。在翻译商务报告时，译者应准确传递报告中的数据和事实，确保信息的真实性和可靠性。同时，译者应注意保持报告的逻辑性和条理性，以便读者能够清晰地理解报告的内容。此外，对于报告中的专业术语和行业知识，译者应进行准确翻译和解释，以便读者能够更好地理解报告的背景和意义。

（4）广告文本的翻译。商务广告是宣传和推广产品或服务的重要手段，其语言通常具有吸引力和感染力。在翻译商务广告时，译者应关注广告的创意和风格，并努力在译文中保持其独特的魅力。同时，译者应准确翻译广告中的关键信息，如产品特点、价格、促销活动等，以吸引目标受众的注意。此外，对于广告中的文化元素和隐喻手法，译者应进行适当的处理和调整，以确保译文符合目标市场的文化习惯和审美标准。

（5）产品说明书文本的翻译。产品说明书是向消费者介绍产品功能、使用方法、注意事项等信息的文本。在翻译产品说明书时，译者应准确传递原文中的信息和技术细节，确保消费者能够正确、安全地使用产品。同时，译者应注意使用简洁明了的语言，避免使用过于复杂或晦涩的词汇和句子结构。此外，对于产品说明书中的专业术语和行业标准，译者应进行准确翻译和解释，以便消费者能够更好地理解产品的性能和使用要求。

四、认知语言学与跨文化商务翻译

（一）认知语言学的核心观点

认知语言学，作为语言学的一个重要分支，主要关注语言与认知过程的相互关联。它强调语言是人类认知活动的一部分，是人类理解世界、表达思想的重要工具。认知语言学的研究范围广泛，涉及语言习得、语言产生、语义理解等多个方面，其核心观点为我们理解语言的本质和功能提供了独特的视角。

1. 语言是认知的反映和工具

认知语言学的核心观点之一是语言与认知的紧密关联。它认为，语言是人类认知活动的一部分，是人们对世界的感知、理解和表达的产物。同时，语言也是人们进行认知活动的工具，人们通过语言来组织和表达他们的思想，理解和解释世界。因此，语言与认知是相互影响、相互作用的。

2. 体验哲学与身体经验

认知语言学强调语言与身体经验的紧密联系。体验哲学是认知语言学的一个重要理论，它认为语言是基于人类的身体经验和感知的。人们通过身体与世界的互动，形成了对世界的感知和理解，这些感知和理解又通过语言进行表达。因此，语言的意义和结构都受到身体经验的影响。

3. 原型范畴理论与认知分类

原型范畴理论是认知语言学中关于范畴和分类的重要理论。与传统的基于特征的范畴理论不同，原型范畴理论认为范畴是基于原型或典型成员构建的，其他成员根据与原型的相似性程度而属于该范畴。这种认知分类的方式与人类的感知和记忆系统密切相关，有助于我们理解语言中的类别和概念。

4. 隐喻和转喻的认知作用

隐喻和转喻是认知语言学中重要的概念，它们在语言中起着认知作用。隐喻是一种通过一种事物或概念来理解另一种事物或概念的方式，它基于事物之间的相似性进行联想和比较。转喻则是一种用一个实体或概念来指代另一个相关实体或概念的方式，它基于事物之间的相关性进行替代和表达。隐喻和转喻不仅丰富了语言的表达方式，还帮助我们理解抽象概念和复杂关系。

5. 意象图式与空间结构

意象图式是认知语言学中的一个基本概念，它指的是一种抽象的、空间的结构，如“上—下”“前—后”等。这些意象图式可以映射到语言和其他认知域中，帮助我们理解和表达空间关系和抽象概念。意象图式的运用有助于我们理解语言中的空间隐喻和时间隐喻等复杂现象。

6. 语言与文化的关系

认知语言学还强调语言与文化之间的紧密联系。语言作为文化的一部分，反映了人们的思维方式、价值观和社会习俗等。同时，文化也影响着语言的发展和变化。因此，在认知语言学的研究中，我们需要关注语言与文化之间的相互作用和相互影响。

（二）认知语言学在商务翻译中的应用

认知语言学是一门研究语言与认知相互关系的学科，它关注人类如何理解和使用语言来表达思想、交流信息。在商务翻译中，译者需要深入理解源语文本的信息，并将其准确地传达给目标语读者。这个过程涉及对源语文本信息的认知加工、对目标语读者的认知预期的考虑以及对两种语言文化的认知对比。因此，认知语言学与商务翻译之间存在着密切的联系。

1. 深化对源语文本的理解

在商务翻译中，译者需要深入理解源语文本的信息和意图。认知语言学中的原型范畴理论可以帮助译者识别文本中的关键概念和范畴，从而更好地把握文本的主题和核心信息。同时，隐喻和转喻的认知作用也可以帮助译者理解文本中的抽象概念和复杂关系，从而更准确地传达原文的意图。

2. 考虑目标语读者的认知预期

在商务翻译中，译者需要关注目标语读者的认知预期和接受程度。认知语言学中的意象图式理论可以帮助译者理解目标语读者的空间认知结构，从而在翻译中采用符合目标语读者认知习惯的表达方式。此外，译者还需要考虑目标语读者的文化背景和语境因素，以确保翻译内容在目标语文化中的准确性和适宜性。

3. 对比两种语言文化的认知差异

在商务翻译中，不同语言文化之间的认知差异是一个不可忽视的问题。认知语言学可以帮助译者识别和理解这些差异，从而在翻译中进行适当的调整。例如，在翻译商务合同或协议时，译者需要了解不同法律体系下的法律概念和术语差异，以确保翻译的准确性和法律效力。同时，在翻译商务信函或邮件时，译者还需要注意不同文化背景下的礼貌用语和交际习惯差异，以确保翻译的得体性和有效性。

4. 采用符合认知规律的翻译策略

在商务翻译中，译者需要采用符合认知规律的翻译策略来确保翻译的质量和效果。例如，在翻译长句或复杂句时，译者可以采用分译法或重组法来简化句子结构，降低读者的认知负担。同时，在翻译专业术语或行业知识时，译者可以采用直译法或加注法来确保术语的准确性和专业性。这些翻译策略都符合认知语言学中的认知加工规律和认知负荷理论。

五、语言学理论在跨文化商务翻译中的融合与发展

（一）多理论视角的融合

在商务翻译这一跨学科的领域中，单一的理论视角往往难以全面、深入地解释和指导实践。随着学科交叉与融合的趋势不断加强，多理论视角的融合成了商务翻译研究和实践的重要方向。本文将探讨多理论视角融合在商务翻译中的应用，分析其在提高翻译质量、促进文化交流方面的作用，并展望未来的发展趋势。商务翻译涉及语言学、文化学、经济学、管理学等多个学科领域，需要综合考虑语言、文化、经济、法律等多方面的因素。单一的理论视角往往难以全面把握这些因素，导致翻译质量受限。因此，多理论视角的融合成了商务

翻译研究的必然选择。通过融合不同学科的理论，我们可以更全面地理解商务翻译的复杂性和多样性，为翻译实践提供更有效的指导。

1. 语言学与翻译学的结合

语言学为商务翻译提供了语言结构和语言运用的基础知识，而翻译学则关注翻译过程、翻译策略和翻译质量等方面。将语言学与翻译学相结合，可以帮助我们深入理解语言的特点和规律，指导我们在翻译过程中更准确地把握词义、语序和语用等方面的问题。

2. 文化学与翻译学的交融

商务翻译不仅是语言的转换，更是文化的传播和交流。文化学为我们提供了关于文化差异、文化认同和文化冲突等方面的知识，有助于我们在翻译过程中更好地处理文化因素。通过融合文化学与翻译学，我们可以更好地理解源语文本的文化内涵和目标语读者的文化预期，从而实现更有效的跨文化交流。

3. 经济学与管理学的引入

商务翻译与经济学和管理学密切相关。经济学提供了关于市场需求、竞争环境和商业模式等方面的知识，而管理学则关注企业的组织结构、运营管理和决策制定等方面。将经济学和管理学引入商务翻译研究，可以帮助我们更好地理解商务文本的经济背景和管理需求，为翻译实践提供更具体的指导。

4. 跨学科方法的综合运用

在商务翻译实践中，我们需要综合运用多种跨学科的方法。例如，我们可以运用语言学中的语料库方法来分析商务文本的语言特点，运用文化学中的跨文化比较方法来探讨文化差异对翻译的影响，运用经济学中的市场分析方法来评估翻译作品的市场前景等。这些跨学科方法的综合运用，有助于提高翻译的质量和效率，促进商务翻译的发展。

（二）语言学理论在商务翻译中的创新应用

1. 功能语言学视角

功能语言学强调语言的功能性和交际性，认为翻译应该注重文本的功能和交际效果。在商务翻译中，译者需要充分理解原文的交际意图和目的，确保译文能够准确传达原文的信息，并符合目标语言的文化和语境。

例如，在翻译商务合同中的法律条款时，译者需要运用功能语言学的理论，分析原文的法律效应和交际意图，确保译文能够准确传达原文的法律含义，并符合目标语言法律体系的规范。

2. 认知语言学视角

认知语言学关注人类如何理解和使用语言，强调语言与认知的紧密联系。在商务翻译中，译者需要运用认知语言学的理论，分析原文中的隐喻、转喻等修辞手法，以及目标语言读者的认知预期和接受程度，确保译文能够符合目标语言读者的阅读习惯和理解能力。

例如，在翻译商务广告时，译者可以运用认知语言学的隐喻理论，分析原文中的隐喻手法，并在译文中采用符合目标语言读者认知习惯的隐喻表达，从而增强广告的吸引力和说服力。

3. 语料库语言学视角

语料库语言学通过收集和分析大量的语言数据，研究语言的结构、用法和变化规律。在商务翻译中，译者可以利用语料库语言学的成果，分析商务文本的语言特点和用词习惯，提高翻译的准确性和地道性。

例如，在翻译商务信函时，译者可以利用语料库语言学的方法，分析商务信函的常用词汇、句型和语气等语言特点，并在译文中采用符合这些特点的表达方式，从而使译文更加地道、易于理解。

4. 文化语言学视角

文化语言学关注语言与文化的关系，强调在翻译过程中要充分考虑文化差异对翻译的影响。在商务翻译中，译者需要运用文化语言学的理论，分析原文中的文化元素和背景信息，确保译文能够准确传达原文的文化内涵，并符合目标语言文化的规范和习惯。

例如，在翻译涉及不同国家商务礼仪的文本时，译者需要运用文化语言学的知识，了解不同国家的商务礼仪规范和文化习惯，确保译文能够准确传达原文的礼仪要求，并符合目标语言文化的规范。

第四章

跨文化商务翻译中的文化学理论

一、文化差异与翻译策略

在全球化的今天，商务翻译作为跨文化交流的重要桥梁，其准确性和有效性直接关系到商业活动的成功与否。然而，由于不同文化背景下的语言、习俗、价值观等方面的差异，文化差异成了商务翻译中不可忽视的因素。本文将探讨文化差异对翻译策略的影响，并结合具体例子进行分析。

（一）文化差异对翻译策略的影响

文化差异对翻译策略的影响主要体现在以下几个方面。

1. 词语内涵与联想差异

不同语言的词语往往具有不同的文化内涵和联想意义。在翻译时，译者需要充分了解两种文化背景，选择恰当的词语来表达原文的含义。例如，中文中的“白象”与英文中的“white elephant”在文化内涵上存在差异，翻译时需加以区别。

2. 意象与表达方式差异

不同文化背景下，人们表达思想和情感的方式往往有所不同。翻译时需要注意这些差异，将原文的意象和文化特点准确地传达给目标语言读者。例如，中文诗歌中的意象和表达方式独具特色，翻译时需尽量保持这些特点。

3. 比喻与习惯表达差异

各种语言中的比喻和习惯表达往往与文化背景密切相关。在翻译过程中，译者要善于发现并处理好这些差异，使译文符合目标语言的表达习惯。例如，英汉两种语言中的成语和习惯表达有很多不同，翻译时需要加以注意。

在翻译过程中，译者需要根据目标语言的文化背景和语言习惯，选择合适的词汇进行表达。例如，在翻译涉及商务礼仪的文本时，译者需要了解目标语言文化中的商务礼仪规范，并选用符合这些规范的词汇进行表达。例如，在英语中，“business etiquette”通常被翻译为“商务礼仪”，但在某些文化中，可能更倾向于使用“business manners”或“business protocol”等词汇来表达类似的概念。

4. 宗教信仰与历史典故差异

不同文化中的宗教信仰和历史典故对语言表达有很大影响。在翻译时，译者要充分了解这些差异，避免可能导致误解或偏差的译文。例如，基督教和佛教在中文和英文中有不同的表达方式和典故，翻译时需注意区分。

5. 社会习俗与价值观差异

不同文化背景下的社会习俗和价值观会影响语言的表达和理解。在翻译时，译者要关注这些差异，确保译文能够准确地传达原文的社会背景和情感色彩。例如，在中西文化中，对于隐私和礼貌的表达方式有所不同，翻译时需加以考虑。在翻译涉及节日的商务文本时，译者需要了解不同文化背景下的节日习俗和象征意义。例如，在翻译关于“春节”的文本时，译者需要了解春节在中国文化中的重要地位以及与之相关的文化意象（如红包、鞭炮等），并在译文中进行适当的处理以传达这些文化意象。

6. 语言风格与修辞手法差异

各种语言在风格和修辞手法上都有其独特之处。在翻译时，译者要努力保留原文的风格特点和修辞手法，使译文具有相似的表现力。例如，中文的古诗和散文中有很多独特的修辞手法，翻译时需尽量体现。

综上所述，文化差异对翻译策略的影响涉及多个方面。在翻译过程中，译者要充分了解两种文化背景，注意处理好各种差异，以实现真正的文化交流和沟通。只有重视文化内涵，才能克服翻译过程中的障碍，真正达到文化交流的目的。

（二）文化差异在商务翻译中的体现

1. 语言习惯与表达方式的差异

不同文化背景下的语言习惯和表达方式可能存在显著差异。例如，西方文化可能更倾向于直接、简洁的表达方式，而中国文化则可能更注重委婉、含蓄的表达。又如，在商务信函中，中文习惯使用较为正式、礼貌的语言，而英文则偏向于直接、简洁的表达。

2. 商务礼仪与习俗的差异

不同文化背景下的商务礼仪和习俗也可能存在差异。商务翻译需要了解并遵循目标国家的商业礼仪。例如，某些文化可能非常重视会议的时间安排和议程设置，而另一些文化则可能更注重与会者的互动和沟通。此外，在赠送礼物这一环节，了解不同国家对礼物的价值和送礼方式的讲究，以确保在商务场合中不失礼。

3. 价值观与信仰的差异

不同文化背景下的价值观和信仰也可能存在差异。这些差异可能影响到商务活动中的决策、谈判和合作等方面。不同国家的社交习惯差异在商务翻译中也有所体现。例如，在一些国家，商务人士喜欢直接表达意见和需求，而在其他国家，商务交流可能更加含蓄和委婉。翻译时要注意这种差异，确保译文能够准确传达信息。

4. 企业文化

企业文化是企业在长期发展中形成的价值观、行为规范和经营风格。在商务翻译中，要充分考虑企业文化差异，确保译文能够准确地传达企业形象和价值观。例如，一些国际企业的口号和宣传语，在翻译时需要考虑到目标语言的文化特点，使其更具吸引力。

5. 地域文化及宗教信仰

不同地区的地域文化差异也会在商务翻译中体现。例如，一些具有地域特色的词汇、成语和典故，在翻译时需要加以解释或寻找合适的替代词汇，以便目标语言读者能够理解。在一些商务场景中，宗教信仰对企业和消费者的行为产生影响。商务翻译需考虑到这一因素，避免在译文中产生误导或冒犯。例如，一些与宗教有关的节假日和活动，在翻译时应加以说明。

6. 法律政策

不同国家的法律政策和监管环境对商务活动产生影响。在商务翻译中，要确保译文符合目标国家的法律要求，以免产生法律风险。例如，在合同翻译中，要注意法律条款和责任规定的表述。

总之，在商务翻译中，要充分了解和尊重目标语言的文化特点，关注语言表达、商业礼仪、企业文化、地域文化、宗教信仰、法律政策、饮食习惯和社交习惯等方面的差异，以便在商务交流中实现有效的跨文化沟通。

（三）跨文化商务翻译中的文化适应策略

在全球化的经济环境中，跨文化商务翻译日益成为商业交流的重要组成部分。然而，由于不同文化背景下的语言、习俗、价值观等方面的差异，跨文化商务翻译面临着诸多挑战。为了克服这些挑战，翻译者需要采取一系列的文化适应策略，以确保翻译内容的准确性和文化适宜性。我将探讨跨文化商务翻译中的文化适应策略，并结合具体例子进行分析。

1. 深入了解目标文化

在进行跨文化商务翻译之前，翻译者应对目标文化进行深入了解。这包括了解目标文化的语言习惯、商务礼仪、价值观等方面。通过深入了解目标文化，翻译者可以更好地理解原文中的文化内涵，避免在翻译过程中出现误解或歧义。

例子：在翻译一份来自中国的商务合同时，翻译者需要了解中国文化中的“人情味”和“面子”观念。这些观念在合同中可能表现为对合作关系的重视和对违约行为的谨慎态度。因此，在翻译过程中，翻译者需要将这些文化内涵准确地传达给目标读者。

2. 灵活处理文化意象

在跨文化商务翻译中，文化意象的处理是一个重要的问题。由于不同文化背景下的文化意象可能存在差异，翻译者需要灵活处理这些意象，以确保翻译内容的文化适宜性。

例子：在翻译“龙”这个文化意象时，翻译者需要根据目标文化的背景进行灵活处理。在中国文化中，“龙”是吉祥、尊贵的象征，而在西方文化中，“龙”则往往被描绘为邪恶、凶猛的生物。因此，在将中文文本翻译成英文时，翻译者可能需要避免直接使用“dragon”这个词来翻译“龙”，而是采用其他更具文化适宜性的词汇或表达方式。

3. 调整语言风格与表达方式

不同文化背景下的语言风格和表达方式可能存在差异。为了使翻译内容更符合目标文化的语言习惯，翻译者需要调整语言风格与表达方式。

例子：在翻译一份来自美国的商务报告时，翻译者需要注意到美国文化中直接、简洁的语言风格。因此，在翻译过程中，翻译者应尽量采用简洁明了的表达方式，避免使用过于复杂或冗长的句子结构。同时，还需要注意使用符合美国商务文化的专业术语和表达方式。

4. 保持专业性与准确性

在跨文化商务翻译中，保持专业性与准确性是至关重要的。翻译者需要确保翻译内容的专业性和准确性，以维护商业交流的严肃性和正式性。

例子：在翻译一份涉及法律条款的商务合同时，翻译者需要准确传达原文中的法律含义和意图。这要求翻译者具备扎实的法律知识和翻译技能，以确保翻译内容的准确性和专业性。同时，还需要注意使用符合目标文化法律体系的规范术语和表达方式。

二、文化身份与翻译

（一）文化身份在商务翻译中的重要性

1. 准确传达信息

在商务翻译中，准确传达信息是至关重要的。然而，由于不同文化背景下的语言习惯和表达方式存在差异，如果翻译者忽视文化身份的差异，就可能导致信息的误解或失真。因此，翻译者需要充分了解目标文化背景下的文化身份特征，以确保翻译内容的准确性和适宜性。

例子：在翻译一份关于中国传统节日的商务邮件时，翻译者需要了解中国文化中节日的重要性和庆祝方式。如果翻译者只是简单地将其翻译为“a holiday”，就可能无法传达出中国节日的丰富内涵和重要性。相反，如果翻译者将其翻译为“a traditional Chinese festival”，就更能准确地传达出原文的含义。

2. 避免文化冲突

在商务交流中，不同文化背景下的价值观和社会习俗可能存在差异，这可能导致文化冲突。如果翻译者不了解目标文化的文化身份特征，就可能在翻译过程中引入误解或冒犯目标读者的内容。因此，翻译者需要在翻译过程中充分考虑文化身份的差异，以避免文化冲突。

例子：在翻译一份关于商务谈判的合同时，翻译者需要了解不同文化背景下的谈判风格和策略。如果翻译者只是按照自己的文化习惯进行翻译，就可能导致目标读者对合同内容产生误解或不满。相反，如果翻译者能够充分考虑目标文化的谈判风格和策略，就能更加准确地传达合同内容，避免文化冲突。

3. 促进文化交流与理解

商务翻译不仅是语言的转换，更是文化的交流与理解。通过翻译，不同文化背景下的人们可以相互了解、相互学习，促进文化交流与理解。在这个过程中，文化身份的重要性不言而喻。翻译者需要充分了解目标文化的文化身份特征，以便更好地传达原文中的文化内涵和价值观。

例子：在翻译一份关于中国企业文化的商务报告时，翻译者需要了解中国企业文化中强调的集体主义、和谐与稳定等价值观。如果翻译者只是简单地将其翻译为“collective spirit”和“harmony”，就可能无法传达出中国企业文化中的深层次内涵。相反，如果翻译者能够深入了解中国文化身份的特征，就能更加准确地传达出中国企业文化中的核心价值观，促进文化交流与理解。

（二）文化身份对翻译选择的影响

翻译，作为跨文化交流的重要桥梁，不仅涉及语言的转换，更涉及文化的传递与解读。在这一过程中，翻译者的文化身份对翻译选择起着至关重要的作用。文化身份是指个体或群体所持有的文化特征、价值观和信仰体系，它深深地影响着翻译者的思维方式、审美倾向和翻译策略。

1. 词汇与表达的选择

翻译者在面对原文时，会根据自身的文化身份选择适合的词汇和表达方式。这种选择往往受到翻译者所属文化的语言习惯、社会习俗和价值观的影响。

例子：在翻译“孝顺”一词时，不同文化背景的翻译者可能会选择不同的词汇来表达。在西方文化中，可能更注重个体的独立性和自主性，因此可能会选择“filial piety”或“dutifulness to parents”等词汇；而在中国文化中，孝顺被视为一种传统美德，因此翻译者可能会选择“obedience”或“respect for elders”等更能体现这一美德的词汇。

2. 翻译策略的选择

翻译者的文化身份还会影响其在翻译过程中采用的策略。不同的文化身份可能导致翻译者对原文的理解、解释和重构产生差异。

例子：在翻译一篇关于家庭观念的文章时，不同文化背景的翻译者可能会采用不同的翻译策略。如果翻译者是一个注重家庭和谐、强调亲情纽带的文化身份，他可能会选择保留原文中的家庭观念，并在译文中加以强调；而如果翻译者是一个注重个人自由、独立的文化身份，他可能会选择淡化原文中的家庭观念，更多地关注个体的选择和追求。

3. 文化意象的解读与传递

文化意象是文化中的独特符号和象征，它们承载着丰富的文化内涵和意义。翻译者在面对文化意象时，会根据自身的文化身份进行解读和传递。

例子：在翻译“龙”这一文化意象时，不同文化背景的翻译者可能会产生不同的解读和传递方式。在中国文化中，“龙”是吉祥、权威和力量的象征，因此翻译者可能会选择保留这一意象，并在译文中加以解释和说明；而在西方文化中，“龙”往往被描绘为邪恶、凶猛的生物，因此翻译者可能会选择用其他词汇或意象来替代“龙”，以避免引起误解或不适。

文化身份对翻译选择的影响是复杂而深远的。它要求翻译者不仅要具备扎实的语言功底和翻译技能，还要具备深厚的文化素养和跨文化意识。在翻译过程中，翻译者需要充分了解原文和目标文化的文化身份特征，以确保翻译内容的准确性和适宜性。同时，翻译者还需要保持开放的心态和敏锐的洞察力，以便在翻译过程中灵活应对各种文化差异和挑战。

三、文化间性与跨文化商务翻译

（一）文化间性的概念与特点

1. 文化间性的概念

文化间性，又称为“文化间性理论”，是指不同文化际遇时发生意义重组的相互作用及其过程。它关注文化间的关联、差异、对话和融合，强调在承认差异、尊重他者的前提下，通过文化间的相互开放和永恒对话，实现不同文化之间的相互理解、相互尊重和相互宽容。文化间性的理论源自哲学，主要代表是德国哲学家哈贝马斯，它以一种开放、包容、协商的姿态，寻求不同文化间的和谐共生。

2. 文化间性的特点

（1）文化的差异性。文化的差异性是文化间性理论的前提条件。不同文化之间因地理、历史、社会制度、宗教信仰等因素而存在着显著的差异。这些差异不仅体现在语言、习俗、价值观等方面，更体现在文化主体对于世界的认知、解释和构建上。文化间性正是建立在这些差异性的基础上，通过对话和协商，寻求不同文化间的理解和融合。

（2）文化的主体性。文化的主体性强调各种文化在交流融合中依旧以自己为主体，保有自我特质。在文化间性的视角下，不同文化不能简单地相加或融合，而是要在保持各自独特性的基础上进行有意义的交流。这种主体性使得各种文化在文化间性的过程中能够保持自身的独立性和完整性，同时也为文化间的对话和融合提供了基础。

（3）文化的视域性。文化的视域性指文化与文化会随着时间、地点的不同进行有选择的交流、融合。在文化间性的过程中，并非所有的文化元素都会被完全接纳或融合，而是在彼此的视线中进行有选择的交流。这种视域性使得文化间性的过程更加具有针对性和实效性，同时也为文化间的对话和融合提供了更加灵活和多样的方式。

(4) 文化的平等性。文化的平等性是文化间性的核心价值观之一。在文化间性的视角下，无论何种文化都应该得到平等的对待和尊重。这种平等性不仅体现在文化间的对话和协商中，更体现在对于不同文化传统的理解和尊重上。通过强调文化的平等性，文化间性为不同文化间的和谐共生提供了重要的保障。

（二）文化间性在商务翻译中的体现

在全球化的经济浪潮中，商务翻译成了连接不同文化、促进商业交流的重要桥梁。商务翻译不仅仅是语言的转换，更是文化的传递和沟通。在这个过程中，文化间性——即不同文化在交流中的相互关联、差异、对话和融合——扮演着至关重要的角色。本书旨在探讨文化间性在商务翻译中的体现，以期为读者提供更为深入的理解。

1. 文化间性与商务翻译的关系

商务翻译涉及的是不同文化背景下的商业交流，这就要求翻译者不仅要精通语言，更要深谙不同文化的内涵和差异。文化间性理论强调在承认差异、尊重他者的前提下，通过文化间的相互开放和永恒对话，实现不同文化之间的相互理解、相互尊重和相互宽容。这种理论为商务翻译提供了重要的指导原则，使翻译者能够在翻译过程中更好地处理文化差异，确保信息的准确传递。

2. 文化间性在商务翻译中的体现

(1) 尊重文化差异。在商务翻译中，翻译者首先要尊重文化差异。不同文化背景下的商业习俗、价值观、思维方式等都可能存在差异，这些差异在翻译过程中必须得到充分的考虑。例如，在翻译一份关于商务谈判的合同时，翻译者需要了解不同文化背景下的谈判风格和策略，以确保译文能够准确传达原文的意图。通过尊重文化差异，翻译者可以避免在翻译过程中引入误解或冒犯目标读者的内容。

在商务翻译中，翻译者还需具备敏锐的洞察力和深厚的跨文化素养。他们应当时刻保持警觉，留意那些可能引发误解或冲突的微妙差异。只有这样，他们才能确保翻译的准确性，同时也保证信息的有效传递。同时，翻译者也需要不断学习和积累，以便更好地理解和应对不同文化背景下的商业情境。通过深入了解各种文化的特点，翻译者可以更加自如地游走在不同语言和文化之间，为商务交流的顺利进行搭建起坚实的桥梁。

尊重文化差异是商务翻译中的一项重要原则。翻译者应当始终牢记这一原则，以高度的责任感和敬业精神，为国际商务交流贡献自己的力量。

（2）实现文化融合。在尊重文化差异的基础上，翻译者还需要努力实现文化融合。商务翻译的目的是促进商业交流，而文化融合是实现这一目标的关键。翻译者需要在翻译过程中充分考虑目标读者的文化背景和习惯，使译文在传达原文信息的同时，也符合目标读者的文化习惯和审美标准。例如，在翻译一个品牌名称时，翻译者需要选择一个既符合原文含义又易于被目标读者接受的译名，以实现品牌在不同文化背景下的融合。翻译者还需具备灵活的思维和创造力，通过精心选词和句式调整，使译文在保持原意的基础上更加流畅自然，从而促进不同文化间的相互理解和尊重。

（3）灵活处理文化意象。文化意象是文化中的独特符号和象征，它们承载着丰富的文化内涵和意义。在商务翻译中，翻译者需要灵活处理文化意象，以确保译文的准确性和适宜性。由于不同文化背景下的文化意象可能存在差异，翻译者需要在翻译过程中充分考虑这些差异，选择适当的翻译策略来处理文化意象。例如，在翻译一个具有特定文化背景的词汇时，翻译者可能需要采用解释、替换或省略等策略来处理该词汇，以确保译文在传达原文信息的同时，也符合目标读者的文化背景和习惯。

翻译者还需要不断学习和积累，提高对文化意象的敏感度和处理能力。他们应当努力理解并尊重不同文化背景下的文化意象，避免在翻译过程中产生误解或冒犯。通过精心处理文化意象，翻译者不仅能够确保译文的准确性和适宜性，还能够促进不同文化间的相互理解和尊重，为商务交流的顺利进行提供有力支持。

（4）保持文化主体性。在商务翻译中，保持文化主体性也是非常重要的。虽然翻译者需要努力实现文化融合，但也要确保原文的文化特色和主体性得到保留。翻译者需要在翻译过程中充分考虑原文的文化背景和意图，使译文在传达原文信息的同时，也尽可能地保留原文的文化特色和主体性。这有助于目标读者更好地理解和接受原文所传递的商业信息和文化内涵。

为了保持文化主体性，翻译者需要运用专业的翻译技巧和策略，如直译、意译、音译等，以在保持原文文化特色的同时，确保译文的流畅性和可读性。此外，翻译者还需要不断学习和研究不同文化背景下的商业习俗和表达方式，以便更好地理解和传达原文的文化内涵。通过这样的努力，翻译者可以在商务翻译中实现文化融合与文化主体性的平衡，为国际商务交流提供高质量的翻译服务。

四、文化资本与跨文化商务翻译

（一）文化资本的概念及其在翻译中的作用

1. 文化资本的概念

文化资本，作为社会学中的一个重要概念，最初由法国社会学家皮埃尔·布迪厄提出，并在他的著作中进行了深入的探讨。文化资本是指由社会群体所具备的特定的文化知识、教育背景、品味和习惯等构成的非物质资源。这种资本可以通过个人的培养和积累获得，并且能够为个人带来一定的社会地位和经济回报。文化资本主要分为三个层次。

（1）器物资本。这主要包括员工的精神面貌、着装、公司的形象等外在的、可观察的文化表达。

（2）制度资本。涉及公司完善的制度、高效的管理机制等支撑企业有效运行的规范和体系。

（3）核心驱动力资本。这指的是企业以及全体员工的核心价值观、历史使命感等深层次的文化驱动力。

文化资本的形成既是货币形式投资的结果，如教育、培训和文化活动等，也是非货币形式投资的结果，如领导风格、精力和关注程度等。其直接影响到组织达成共识的难易程度、气氛和凝聚力，成为影响组织战略制定与实施、组织结构正常运行及其有效性发挥的重要潜在因素。

2. 文化资本在翻译中的作用

在翻译领域，文化资本发挥着至关重要的作用，主要体现在以下几个方面。

（1）促进文化理解与传递。翻译不仅仅是语言的转换，更是文化的传递。翻译者自身的文化资本直接影响其对原文的理解和解释，进而影响到译文的准确性和地道性。翻译者需要运用自己的文化资本，准确捕捉原文中的文化内涵，并在译文中进行恰当的传递。

（2）克服文化障碍。由于不同文化之间的差异，翻译过程中难免会遇到文化障碍。翻译者需要运用自己的文化资本，理解并解释这些差异，以克服文化障碍，确保信息的准确传递。

（3）推动文化创新。翻译者在翻译过程中，往往会受到原文和自身文化资本的双重影响，这种影响会促使翻译者进行文化创新。翻译者可以通过对原文的重新解读和表达，将原文中的文化元素与自身文化资本相结合，创造出新的文化产品。

（4）增强译文的可接受性。翻译者的文化资本还有助于增强译文的可接受性。翻译者需要根据目标读者的文化背景和阅读习惯，选择适当的翻译策略和方法，使译文更加符合目标读者的阅读习惯和审美标准，从而提高译文的可接受性。

（二）文化资本在商务翻译中的积累与运用

1. 积累

在商务翻译中，文化资本的积累是一个长期而持续的过程。翻译者需要通过不断学习、实践和交流，不断提升自己的文化资本水平。

（1）学习与实践。翻译者需要广泛涉猎不同领域的文化知识，包括历史、文学、艺术、经济、法律等。通过阅读相关书籍、参加培训课程、与同行交流等方式，不断积累文化资本。同时，翻译者还需要通过大量的翻译实践，将所学的文化知识运用到实际工作中，提高翻译水平。

（2）了解目标文化。商务翻译往往涉及不同国家和地区的文化背景。因此，翻译者需要深入了解目标文化的语言习惯、社会习俗、价值观念等。这有助于翻译者更好地理解原文中的文化内涵，避免在翻译过程中出现误解或冒犯目标读者的情况。

（3）参与跨文化交流。参与跨文化交流是积累文化资本的有效途径。翻译者可以通过参加国际会议、访问外国企业、与外国客户交流等方式，亲身体验不同文化之间的差异和联系。这种体验有助于翻译者更深入地理解目标文化，提高翻译质量。

2. 运用

在商务翻译中，文化资本的运用体现在多个方面，例如：

（1）准确传达文化内涵。在翻译商务合同时，翻译者需要准确传达原文中的文化内涵。例如，在翻译“诚信经营”这一表述时，翻译者需要了解“诚信”在中国文化中的重要地位，并选用合适的英语词汇进行表达。在这种情况下，翻译者可以运用自己的文化资本，选择“honest and credible business operations”作为译文，以准确传达原文的文化内涵。

（2）克服文化障碍。在商务翻译中，不同文化之间的差异可能导致翻译障碍。翻译者需要运用自己的文化资本，克服这些障碍。例如，在翻译一份涉及礼仪的商务邀请函时，翻译者需要了解目标文化中的礼仪规范，并在译文中进行恰当的处理。在这种情况下，翻译者可以运用自己的文化资本，对原文中的礼仪规范进行解释和补充，以确保译文符合目标文化的习惯和规范。此外，翻译者还需要具备跨文化沟通的能力，善于发现和解决文化差异带来的问题。他们应该保持开放和包容的心态，不断学习和适应不同的文化环境。通过增强跨文化意识，翻译者能够更准确地理解原文中的文化元素，从而在翻译过程中更好地保留和传达这些元素。这种努力不仅有助于克服文化障碍，还能促进不同文化之间的交流与理解，为商务活动的顺利进行创造有利条件。

（3）推动文化创新。在商务翻译中，翻译者可以运用自己的文化资本，推动文化创新。例如，在翻译一份涉及新产品的宣传资料时，翻译者可以运用自己的文化资本，对原文中的产品特点进行重新解读和表达，以吸引目标读者的兴趣。在这种情况下，翻译者可以运用自己的文化资本，创造出新的表达方式和词汇组合，使译文更具吸引力和创新性。

五、文化学理论在跨文化商务翻译中的深度解析

（一）文化学理论在商务翻译中的实践应用

文化学理论主要关注文化的起源、发展、传播、交流以及文化间的差异与融合等方面。在商务翻译中，文化学理论主要关注文化因素如何影响翻译过程以及如何通过翻译促进不同文化间的相互理解和交流。

1. 理解文化差异

文化学理论强调不同文化间的差异性和多样性。在商务翻译中，翻译者需要充分了解并理解不同文化间的差异，以避免因文化差异导致的误解或冲突。例如，在翻译一份涉及商务礼仪的文档时，翻译者需要了解目标文化中的商务礼仪规范，以确保译文符合目标读者的文化习惯。例如，在翻译“敬酒”这一行为时，如果翻译者不了解目标文化中“敬酒”的礼仪规范，可能会将其简单地翻译为“offer a toast”，这可能会让目标读者感到困惑或不适。而如果翻译者了解目标文化中“敬酒”的礼仪规范，就可以将其翻译为“propose a toast with respect”，以更准确地传达原文的文化内涵。

2. 促进文化融合

文化学理论还强调不同文化间的融合与交流。在商务翻译中，翻译者需要努力促进不同文化间的融合与交流，以实现商业活动的顺利进行。例如，在翻译一份涉及跨国合作的合同时，翻译者需要充分考虑不同文化间的差异和融合点，以确保合同内容既符合双方的法律要求又符合双方的文化习惯。例如，在翻译合同中的“违约责任”条款时，翻译者需要了解不同文化对违约行为的看法和态度，以确保译文既能准确传达原文的法律意义又能符合目标读者的文化习惯。

3. 运用文化策略

在商务翻译中，翻译者还需要根据具体情况运用不同的文化策略。例如，

在翻译一份涉及广告宣传的文案时，翻译者需要充分考虑目标读者的文化背景和审美习惯，选择恰当的语言风格和表达方式。例如，在翻译一个针对年轻消费者的时尚品牌广告时，翻译者可以采用更加时尚、前卫的语言风格和表达方式，以吸引目标读者的注意力。而在翻译一个针对中老年消费者的保健品广告时，翻译者则需要采用更加稳重、可靠的语言风格和表达方式，以树立产品的信任度。

以某国际化妆品品牌的广告翻译为例。原文中的广告语“让你的肌肤焕发自然光彩”在翻译时需要充分考虑目标市场的文化背景和审美习惯。如果直接将其翻译为“Let your skin shine with natural radiance”，可能会让目标读者感到过于直接或不够亲切。而如果运用文化策略，将其翻译为“Reveal your skin’s natural radiance with our product”，则更加符合目标市场的文化背景和审美习惯，同时也更能够吸引目标消费者的注意力。

（二）文化学理论对商务翻译研究的贡献

文化学理论对商务翻译研究具有重要的贡献。主要表现在以下几个方面。

1. 拓展了翻译研究的视野

在20世纪70年代以前，西方翻译理论主要关注语言层面的转换，如词汇、语法和修辞等。随着文化学理论的发展，学者们开始意识到翻译不仅仅是语言之间的转换，更是文化之间的交流。文化学理论将翻译研究从纯语言学领域拓展到更广泛的文化领域，使翻译研究更具深度和广度。

2. 强调了跨文化交际的重要性

文化学理论认为，翻译不仅仅是语言符号的转换，更重要的是实现跨文化交际。商务翻译作为一种特殊的翻译形式，需要考虑到商务活动中的文化差异，以便更好地实现商务目的。文化学理论的应用使得商务翻译研究更加注重跨文化交际的实现，有助于提高商务翻译的质量和效果。

3. 揭示了翻译过程中的文化因素

文化学理论指出，翻译过程中的文化因素对翻译效果产生重要影响。在商务翻译中，译者需要面对各种各样的文化差异，如价值观、习俗、法律法规等。了解和把握这些文化因素，有助于译者做出更加恰当的翻译决策，提高翻译的准确性和可接受性。

4. 提供了商务翻译研究的理论框架

文化学理论为商务翻译研究提供了一个理论框架，使得商务翻译研究具有更强的系统性。例如，功能对等理论视角下的文化负载词翻译，可以从语言形式和文化内涵两个方面进行研究，有利于提高商务翻译的质量和效果。

5. 促进了商务翻译实践的发展

文化学理论的应用有助于提高商务翻译实践的水平。通过研究文化学理论，译者可以更好地应对商务翻译中的文化问题，提高翻译质量。同时，文化学理论也对商务翻译教学产生了积极影响，使得商务翻译人才培养更加注重文化素养的提高。

总之，文化学理论对商务翻译研究具有重要的贡献，它拓展了翻译研究的视野，强调了跨文化交际的重要性，揭示了翻译过程中的文化因素，提供了商务翻译研究的理论框架，并促进了商务翻译实践的发展。

第五章

跨文化商务翻译中的交际学理论

一、交际意图与翻译

（一）交际意图的识别与理解

交际意图（Communicative Intent）是人们在交流过程中所要达到的目的或愿望，它隐藏在言语的深层，是语言交际的核心所在。在日常生活、商务谈判、学术研究等多种场景中，准确识别与理解交际意图对于实现有效沟通至关重要。本书将深入探讨交际意图的识别与理解，分析其重要性、识别方法以及在不同场景中的应用。

1. 交际意图的重要性

交际意图在人际交往中具有重要作用。掌握对方的文化背景、心理状态和语言表达方式等方面的知识，有助于更好地理解交际意图。交际意图的重要性体现在以下几个方面。

（1）促进沟通效果。明确交际意图有助于提高沟通的针对性和有效性。在沟通过程中，了解对方的意图使我们能够更有针对性地提出问题、回答问题和解决问题，从而提高沟通效率。

（2）增进人际关系。准确理解对方的交际意图有助于建立和维护良好的人际关系。当我们能够洞察他人的需求、情感和动机时，我们就能够更好地给予支持、关心和帮助，使对方感受到温暖和信任。

（3）避免误解与冲突。了解对方的交际意图可以避免误解和冲突。在沟通过程中，人们可能因为文化差异、表达能力等因素而产生误解。通过理解对方的意图，我们可以更好地解释他们的言行，从而避免误解和冲突。

（4）提高自我表达能力。了解交际意图有助于提高自己的表达能力。当我们明确自己的交际目的时，我们可以更有针对性地组织语言，使对方更容易理解我们的意图。此外，了解交际意图还可以帮助我们更好地调整自己的情绪和行为，以适应不同的沟通环境。

（5）社会适应能力。具备较强的交际意图理解能力有助于提高社会适应能力。在不同场合，了解他人意图可以帮助我们更好地融入集体、协调关系，从而实现个人与社会的和谐共处。

因此，通过了解和把握交际意图，我们能够提高沟通效果、增进人际关系、避免误解与冲突、提高自我表达能力和增强社会适应能力。在日常生活和工作中，我们需要不断学习和实践，以提高自己的交际意图理解和表达能力。

2. 交际意图的识别方法

交际意图识别是自然语言处理领域中的一个重要问题，它涉及识别说话者的意图和目的。要识别交际意图，我们需要考虑以下三个方面：

（1）言语分析。言语是交际意图的直接体现。通过仔细分析言语的词汇、语法、句式以及上下文等语言要素，可以初步判断交际意图。例如，在商务谈判中，一方提出的具体条件、建议或要求往往体现了其交际意图。

词汇分析方面，通过对词汇的意义、频率、搭配和使用方式进行分析，推断说话者的意图。例如，如果一个人使用礼貌的语言，那么他们可能是有礼貌的，但如果他们使用粗俗的语言，那么他们可能是不礼貌的。语法分析方面，通过对句子的结构和语法进行分析，推断说话者的意图。例如，如果一个人使用了疑问句，那么他们可能是在询问某件事物。语义分析方面，通过对句子意义的理解，推断说话者的意图。例如，如果一个人说"我可以帮你"，那么他们可能是愿意提供帮助的。

（2）非言语线索。除了言语本身，非言语线索也是识别交际意图的重要依据。包括肢体语言、面部表情、眼神交流、声音变化等。这些非言语线索往往能够传递言语难以表达的深层含义，帮助我们更准确地识别交际意图。面部表情分析即为通过观察面部表情，推断说话者的情感和意图。例如，如果一个人微笑，那么他们可能是有趣或愉快的；姿态分析主要通过观察身体姿态，推断说话者的态度和意图。例如，如果一个人耸肩，那么他们可能是不确定或无奈的；以及语气分析中通过听语音语调，推断说话者的情感和意图。例如，如果一个人说话的语气很强烈，那么他们可能是在强调某个观点。

（3）语境分析。语境是交际意图产生和理解的背景。通过分析交流的场合、时间、地点、参与者等语境因素，可以进一步揭示交际意图。例如，在社交场合中，人们的交际意图往往与场合的正式程度、参与者的关系等因素有关。情境分析中我们需考虑说话者所处的场景，推断他们的意图。例如，如果一个人在商场里说“请问洗手间在哪里”，那么他们可能是需要找洗手间；文化背景分析侧重考虑说话者所在的文化背景，推断他们的意图。例如，在一些文化中，直接询问别人的年龄被认为是不礼貌的；历史语境分析针对的是说话者之前的言论和行为，推断他们的意图。例如，如果一个人在之前的对话中提到了某个话题，那么他们可能在接下来的对话中继续讨论这个话题。

3. 交际意图的理解过程

（1）信息接收。在交际过程中，首先需要通过听觉或视觉等感官接收对方传递的信息。这些信息包括言语和非言语线索，是识别与理解交际意图的基础。接收者接收到信息后，会对信息进行初步的整理和分类，以便于进一步处理。这一阶段主要是确保信息传递的准确性和完整性。

（2）信息解码。在接收信息后，需要对信息进行解码，即将其转化为自己可以理解的形式。接收者需要运用自己的语言知识、社会文化背景和交际情境来推断信息中的隐含意义。这一阶段的关键是准确理解信息发送者的意图，避免误解或歧义。

（3）意图推理。在解码的基础上，接收者需要进行意图推理。这一阶段主要通过分析信息的内容和语境，以及接收者和发送者之间的关系，来推测发送者的真实意图。意图推理过程中，接收者需要运用逻辑推理、常识和经验等方法，对信息进行深入解读。这一阶段的目的是确保接收者对发送者意图的理解更加准确。

（4）反馈验证。在意图推理之后，接收者需要通过反馈来验证自己对发送者意图的理解是否正确。反馈可以是语言的、行为的或心理的，其目的是为了确认发送者的意图是否被正确理解。反馈验证阶段，接收者需要根据发送者的回应来调整自己的理解，从而实现交际的顺利进行。

4. 交际意图在不同场景中的应用

交际意图指在交流过程中，参与者为了实现特定目标或达到特定目的而发出的语言信号。在商务谈判、社交场合和学术研究等场景中，交际意图发挥着至关重要的作用。以下是详述交际意图在这些场景中的应用以及举例说明。

（1）商务谈判。商务谈判是指双方或多方就某一具体事务进行讨论、协商、达成一致的过程。在商务谈判中，参与者通常会表现出一定的交际意图，以推动谈判进程。以下是交际意图在商务谈判中的应用：

①暗示。在谈判中，参与者可能通过暗示来传达自己对某一问题的立场或期望。例如，某一方可能会说："我知道我们有共同的利益，所以我相信我们可以找到一个满意的解决方案。"这句话暗示了对方应该意识到双方利益的一致性，并努力寻求共识。

②阐述利益。在谈判中，参与者会阐述自己的利益和需求，以表达自己的期望。例如，某一方可能会说："我们的目标是确保项目按时完成，并获得预期的投资回报。"这句话表达了对方的利益，提醒对方在谈判中要考虑到这一点。

③提出建议。在谈判中，参与者会提出建议以达成共识。例如，某一方可能会说："我建议我们将合同期限定为一年，这样我们可以在此期间评估项目的效果，然后根据实际情况进行调整。"这句话表明了对方的建议，并为双方提供了一个可行的方案。

（2）社交场合。在社交场合中，参与者通过交际意图来建立关系、展示诚意、表达观点等。以下是交际意图在社交场合中的应用：

①寒暄。在社交场合，参与者通常会进行寒暄，以展示关心和友好。例如，一个人可能会说："你好，好久不见了，最近怎么样?"这句话表达了对方的关心，并为后续更深入的交流创造了条件。

②表达观点。在社交场合，参与者可能会表达自己的观点以展示诚意。例如，一个人可能会说："我认为这个项目非常重要，因为它有助于提高我们的市场份额。"这句话传达了对方的观点，并鼓励其他人分享自己的看法。

③邀请。在社交场合，参与者可能会邀请对方参加某个活动。例如，一个人可能会说："我们明天晚上有一个派对，你是否愿意一起来?"这句话表达了对方的诚意，并为双方提供了一个进一步交流的机会。

（3）学术研究。在学术研究中，交际意图体现在研究者与同行、导师、评审人员等之间的交流中。以下是交际意图在学术研究中的应用。

①提出研究问题。在学术研究中，研究者会提出研究问题以引导研究方

向。例如，一篇论文可能会这样陈述："本文旨在探讨社交媒体对青少年心理健康的影响。"这句话明确了研究者的研究问题，为后续论述奠定了基础。

②阐述研究方法。在学术研究中，研究者需要阐述自己的研究方法以证明研究可靠性。例如，一篇论文可能会说："本研究采用定量研究方法，通过对某一中学的青少年进行问卷调查，以分析社交媒体使用频率与心理健康之间的关系。"这句话明确了研究方法，有助于读者了解研究过程。

③论证观点。在学术研究中，研究者会通过论述观点来证明自己的理论或观点。例如，一篇论文可能会说："根据我们的研究结果，社交媒体使用频率与青少年心理健康之间存在显著负相关。"这句话表达了研究者的观点，并为其观点提供了实证支持。

总之，交际意图在商务谈判、社交场合和学术研究等场景中发挥着重要作用。通过分析交际意图，我们可以更好地了解参与者的目的、需求和期望，从而促进有效沟通和交流。

（二）交际意图在商务翻译中的传递

商务翻译的主要目的是促进不同文化背景下的商业主体之间的有效沟通。在这一过程中，交际意图的准确传递至关重要。交际意图是商务交流中的核心信息，它涉及商务合作的目的、条件、期望等关键要素。如果交际意图在翻译过程中被误解或丢失，就可能导致商业合作的失败或产生不必要的纠纷。因此，交际意图的准确传递是商务翻译成功的关键。

1. 交际意图在商务翻译中的传递方式

（1）直接翻译法。在商务翻译中，直接翻译法是最常见的传递交际意图的方式。它要求翻译者直接、准确地传达原文的交际意图，不添加或删减任何信息。这种方法适用于交际意图明确、语言表达清晰的文本。

（2）解释性翻译法。在某些情况下，原文的交际意图可能由于文化差异或语言表达的复杂性而难以直接传达。此时，翻译者可以采用解释性翻译法，通过添加注释、解释或举例说明等方式，帮助目标读者更好地理解原文的交际意图。

（3）重构性翻译法。当原文的交际意图与目标读者的文化背景、思维方式或语言表达习惯存在较大差异时，翻译者可以采用重构性翻译法。这种方法要求翻译者在理解原文交际意图的基础上，根据目标读者的文化背景和语言表达习惯，对原文进行重构和改写，以更好地传递交际意图。

2. 交际意图在商务翻译中传递面临的挑战

（1）文化差异。文化差异是商务翻译中传递交际意图面临的主要挑战之一。不同文化背景下的商业主体在思维方式、价值观念、行为准则等方面存在差异，这可能导致对同一交际意图的不同理解和解释。因此，翻译者需要充分了解不同文化之间的差异，并采取相应的翻译策略来确保交际意图的准确传递。

（2）语言表达的复杂性。商务文本往往涉及复杂的法律条款、商业术语和行业规范等，这些语言表达的复杂性给交际意图的传递带来了挑战。翻译者需要具备扎实的语言功底和丰富的专业知识，以准确理解原文的交际意图并将其传递给目标读者。

（3）交际意图的模糊性。在某些情况下，原文的交际意图可能并不明确或存在模糊性。这可能是由于原文表达不够清晰、存在歧义或使用了隐喻等修辞手法。此时，翻译者需要通过仔细分析上下文、运用逻辑推理等方式来推断原文的交际意图，并尽可能地将其传递给目标读者。

二、交际语境与跨文化商务翻译

（一）交际语境的概念与类型

1. 交际语境的概念

交际语境，又称情境语境，是指为完成一个交际意图所涉及的交际主题（作者）、交际对象（读者）、交际目的和交际话题等构成的一个场域。它不仅仅局限于语言的表达，而是涉及与语言相关的一切社会环境。交际语境把交际对象、主体、目的和话题联系在一起的纽带，通过交际语境，为写作或交流提供了一个真实或拟真的情景，为作者和读者的表达交流提供了机会和场合。

2. 交际语境的类型

交际语境（Communicative Context）是指在交际过程中，参与者在互动中所共享的背景信息、目标、期望和认知状态。交际语境有助于参与者更好地理解彼此的意图和表达的意义。从上下文语境、情境语境和社会文化语境三个方面来看，交际语境的类型可以分为以下几种。

（1）上下文语境（Contextual Context）。上下文语境是指在交际过程中，参与者所依赖的前后文信息。这种类型主要包括：

①历史语境（Historical Context）。指与交际事件相关的历史背景信息，如事件发生的时间、地点等。

②逻辑语境（Logical Context）。指在交际过程中，参与者所依赖的前后逻辑关系，如因果关系、转折关系等。

③语义语境（Semantic Context）。指词语、句子或段落之间的语义关系，如的同义词、反义词、上下义关系等。

（2）情境语境（Situational Context）。情境语境是指与交际过程相关的现实环境和社会背景信息。这种类型主要包括：

①地理语境（Geographic Context）。指与交际事件相关的地理信息，如国家、城市、街道等。

②时间语境（Temporal Context）。指与交际事件相关的时间信息，如时期、季节、具体时间等。

③社会语境（Social Context）。指与交际事件相关的社会信息，如参与者之间的关系、角色、地位等。

④文化语境（Cultural Context）。指与交际事件相关的文化背景信息，如习俗、价值观、传统等。

（3）社会文化语境（Social-cultural Context）。社会文化语境是指与交际过程相关的社会文化背景信息。这种类型主要包括：

①群体文化语境（Group Cultural Context）。指与特定群体相关的文化背景信息，如民族、宗教、团体等。

②跨文化语境（Cross-cultural Context）。指涉及不同文化背景的交际过程，

如跨文化交流、国际贸易等。

③主流文化语境（Mainstream Cultural Context）。指在社会大众中广泛接受的文化价值观、观念和行为规范。

④亚文化语境（Subcultural Context）。指在特定群体中流行的亚文化背景信息，如青少年文化、网络文化等。

综上所述，交际语境的类型涵盖了上下文语境、情境语境和社会文化语境等多个方面。了解这些类型有助于我们更好地理解交际过程中的潜在信息和参与者之间的互动。在实际的交际活动中，参与者需要不断地根据语境调整自己的沟通策略，以实现有效的沟通。

（二）交际语境对商务翻译的影响

交际语境对商务翻译的影响是深远而显著的，主要体现在以下几个方面。

1. 确保翻译的准确性

商务翻译要求准确传达原文的信息和意图，而交际语境的考虑能够帮助翻译者更好地理解原文的背景、目的和对象，从而确保翻译的准确性和可靠性。例如，在商务文件中，特定的行业术语和法律法规需要在相应的交际语境下准确翻译，以避免误解或混淆。

2. 促进文化间的交流与理解

商务翻译涉及不同文化背景之间的交流与沟通，而交际语境的考虑能够帮助翻译者更好地理解和适应目标语言的文化背景，促进文化间的交流与理解。在翻译过程中，翻译者需要充分考虑到不同文化之间的差异，包括语言习惯、价值观念、风俗习惯等，以确保翻译内容在目标语言文化背景下的准确性和可接受性。

3. 提高翻译的针对性和实用性

商务翻译通常具有明确的目的和对象，而交际语境的考虑能够帮助翻译者更好地确定翻译的目的和对象，提高翻译的针对性和实用性。在商务翻译中，翻译者需要根据交际语境的要求，选择适当的翻译策略和方法，以确保翻译内容能够准确地传达原文的信息和意图，同时符合目标语言读者的阅读习惯和期望。

三、交际策略与翻译

（一）交际策略的选择与运用

在人际交往中，交际策略的选择与运用至关重要。它不仅关乎个人的形象和关系维护，更在商务、社交等场合中，直接影响到信息的传递效果和合作的成败。以下将通过具体案例来探讨交际策略的选择与运用。

1. 案例一：商务谈判中的交际策略

在一次国际商务谈判中，中方代表与美方代表就产品价格问题展开了激烈的讨论。美方代表坚持要求降价，而中方代表则坚持原价，双方陷入了僵局。

在这个场景中，中方代表选择了“折中”的交际策略。他们首先表示理解美方对价格的关注，然后提出了一个妥协方案：在原价的基础上给予美方一定的折扣，但要求美方在订单数量上有所增加。这一策略既考虑了美方的利益，也维护了中方的底线，最终促使双方达成了协议。

2. 案例二：社交场合中的交际策略

在一个聚会上，小张遇到了一个他不太熟悉的人。为了避免尴尬和冷场，小张选择了“积极倾听”的交际策略。

在交谈过程中，小张始终保持着微笑和眼神交流，认真倾听对方的发言。当对方提到自己感兴趣的话题时，小张会适时地表达自己的看法和经历，与对方产生共鸣。这种积极的倾听不仅让对方感到被尊重和关注，也让小张在社交场合中更加得体自如。

3. 案例三：冲突解决中的交际策略

在一个工作团队中，小李和小王因为工作分配问题产生了争执。双方各执己见，互不相让，导致团队氛围紧张。

为了化解冲突，团队领导选择了“调解”的交际策略。他首先分别听取了双方的意见和诉求，然后指出双方都有合理的部分，但也存在沟通不足的问题。接着，他提出了一个解决方案：重新调整工作分配，确保双方都能够发挥自己的长处。同时，他也强调了团队合作的重要性，鼓励双方加强沟通、互相支持。最终，在团队领导的调解下，小李和小王化解了冲突，重新回到了合作的状态。

以上案例展示了交际策略在不同场合中的选择与运用。在商务谈判中，折中策略能够平衡双方利益；在社交场合中，积极倾听策略能够赢得尊重和信任；在冲突解决中，调解策略能够化解矛盾、促进和谐。当然，交际策略的选择与运用并非一成不变，需要根据具体情况进行灵活调整。但无论如何，都要以尊重他人、理解他人为出发点，以实现有效沟通为目标。

（二）交际策略在商务翻译中的体现

在商务翻译中，交际策略的选择与运用至关重要。商务翻译不仅仅是语言的转换，更是商务信息和文化内涵的传递。在这一过程中，翻译者需要根据交际语境和目的，灵活选择并运用交际策略，以确保翻译的准确性、流畅性和文化适应性。

1. 案例一：正式商务场合的交际策略

在一份正式的商务合同中，原文使用了严谨、专业的法律术语。在翻译时，翻译者选择了“准确性优先”的交际策略。他首先查阅了相关的法律词典和资料，确保对原文中的术语有准确的理解。然后，他使用了目标语言中的正式、专业的法律术语进行翻译，以确保翻译文本的准确性和权威性。这种交际策略使得翻译文本在正式商务场合中得到了广泛的认可和应用。

2. 案例二：跨文化商务交流的交际策略

在一份涉及不同文化背景的商务邮件中，原文中使用了某些具有特定文化内涵的词汇和表达方式。为了避免误解和冲突，翻译者选择了“文化适应性”的交际策略。他深入研究了目标语言文化的特点，理解了原文中的文化内涵，并在翻译过程中进行了适当的文化转换。例如，他将原文中的“龙”翻译为“dragon”（在英语中通常带有负面含义），但在考虑到目标语言文化的接受度后，他选择了“auspicious creature”（吉祥生物）这一更为中性的表达。这种交际策略使得翻译文本在跨文化商务交流中更加得体、易于接受。

3. 案例三：商务谈判中的交际策略

在一次商务谈判中，双方就产品价格进行了激烈的讨论。原文中使用了许多具有强烈感情色彩的词汇和表达方式。在翻译时，翻译者选择了“平衡双方利益”的交际策略。他首先理解了原文中的情感色彩和谈判策略，然后在翻译过程中进行了适当的情感调整。他避免了使用过于激烈或挑衅性的词汇，而是采用了更为客观、中性的表达方式。同时，他也在翻译中传达了原文中的让步和妥协的意愿，以促进双方达成共识。这种交际策略使得翻译文本在商务谈判中起到了积极的推动作用。

以上案例展示了交际策略在商务翻译中的体现。在商务翻译中，翻译者需要根据交际语境和目的，灵活选择并运用交际策略。无论是准确性优先、文化适应性还是平衡双方利益，这些交际策略都能够帮助翻译者更好地传递商务信息和文化内涵，促进商务交流的成功进行。同时，这也要求翻译者具备扎实的语言功底、丰富的文化背景知识和敏锐的跨文化交际能力。

四、交际效果与翻译评估

（一）交际效果的评估标准

交际效果的评估标准对于衡量交流活动的成功与否至关重要。以下是根据参考文章中的信息，结合商务和日常交际的实际需求，制定的交际效果评估标准：

1. 信息传递准确性

（1）核心指标。评估信息在传递过程中是否准确无误，包括专业术语、数据、观点等是否被准确理解和表达。

（2）衡量标准。通过对比原始信息和接收者理解的信息，检查是否存在误解或遗漏。

2. 交流效率

（1）核心指标。评估交流过程所花费的时间和精力是否高效。

（2）衡量标准。观察交流过程是否流畅，是否存在过多的重复、误解或延误，以及交流结果是否迅速达到预期目标。

3. 交流态度和礼貌度

（1）核心指标。评估交流双方在沟通中展现的态度是否积极、尊重，是否遵守社交规范。

（2）衡量标准。观察交流双方是否保持礼貌用语，是否倾听对方意见，是否避免使用冒犯性语言，以及是否展现出合作和解决问题的意愿。

4. 语言风格和表现形式

（1）核心指标。评估交流中所使用的语言风格和表达方式是否恰当、有效。

（2）衡量标准。检查语言是否简洁明了、易于理解，是否使用了恰当的比喻、类比等修辞手法来增强表达效果，以及是否避免了复杂的句子结构和生僻词汇。

5. 情感效果

（1）核心指标。评估交流过程中产生的情感体验和交流双方之间的情感联系。

（2）衡量标准。观察交流双方是否建立了信任、理解和共鸣，是否感受到对方的支持和关心，以及是否解决了存在的矛盾和问题。

6. 达成目标程度

（1）核心指标。评估交流是否达到了预期的目标或目的。

（2）衡量标准。检查交流结果是否满足了双方的期望和需求，是否解决了实际问题或达成了合作意向。

（二）交际效果在商务翻译评估中的应用

在商务翻译领域，评估翻译作品的质量至关重要。其中，交际效果的考量是衡量翻译成功与否的关键因素之一。商务翻译旨在实现跨文化交流，促进商业活动的顺利进行。因此，评估翻译作品的交际效果，不仅能帮助我们判断其是否准确传达了原意，还能衡量其在商务实践中的实际价值。

首先，交际效果在商务翻译评估中体现为信息的准确传递。商务翻译的核心任务是将原文中的商业信息准确无误地传递给目标读者。因此，在评估翻译作品时，我们需要关注翻译是否准确表达了原文的含义，包括专业术语、数据、观点等是否得到准确传达。只有当翻译作品能够准确无误地传递信息时，才能被视为交际效果良好的商务翻译。其次，交际效果还体现在翻译作品的流畅性和可读性上。商务翻译需要考虑到目标读者的阅读习惯和文化背景，以确保翻译作品易于理解和接受。因此，在评估翻译作品时，我们需要关注其语言表达是否流畅、自然，是否符合目标语言的语法规则和表达习惯。只有当翻译作品具有良好的流畅性和可读性时，才能有效地传达商业信息，实现良好的交际效果。

交际效果还涉及翻译作品在商务实践中的应用价值。商务翻译的最终目的是促进商业活动的顺利进行，因此，翻译作品的实际应用价值是衡量其交际效果的重要指标之一。在评估翻译作品时，我们需要关注其是否能够帮助目标读者更好地了解商业信息、促进商务沟通、推动商业合作等方面发挥作用。只有当翻译作品在商务实践中具有实际应用价值时，才能被视为交际效果良好的商务翻译。

五、交际学理论在跨文化商务翻译中的拓展与应用

（一）交际学理论与商务翻译的结合

商务翻译作为跨文化交流的重要桥梁，其质量直接影响到商业活动的成功与否。而交际学理论，作为研究人类交流行为的科学，为商务翻译提供了丰富的理论支撑和实践指导。本文将探讨交际学理论与商务翻译的结合，以及这种结合如何提升商务翻译的质量和效果。

首先，交际学理论强调交流的有效性和效率，这在商务翻译中同样至关重要。商务翻译不仅要求准确传达原文的信息，还需要考虑目标读者的文化背景、语言习惯和接受程度。因此，翻译者需要运用交际学中的“交际目的”

和“交际对象”等概念，明确翻译的目的和受众，从而选择合适的翻译策略和方法，确保翻译作品能够准确、流畅地传达原文信息，实现有效的商务交流。其次，交际学理论中的“语境”概念对商务翻译具有重要指导意义。商务翻译中的语境不仅包括语言本身的上下文，还包括文化背景、行业规范、商业习惯等。翻译者需要深入理解原文的语境，同时考虑目标读者的语境，以确保翻译作品在目标语言文化中的准确性和可接受性。通过运用交际学中的语境理论，翻译者可以更加精准地把握原文的含义和意图，避免误解和歧义的产生。

交际学理论还强调交流的互动性和反馈性。在商务翻译过程中，翻译者需要与目标读者进行有效的沟通和反馈，了解目标读者对翻译作品的看法和建议，从而不断优化翻译质量和效果。这种互动性和反馈性不仅有助于提升翻译者的翻译技能，还有助于增强翻译作品在目标语言文化中的适应性和接受度。

（二）交际学理论在商务翻译研究中的发展

随着全球化的推进，商务翻译作为跨文化交流的关键环节，其重要性日益凸显。在这一背景下，交际学理论作为研究人类交流行为的科学，为商务翻译提供了深厚的理论基础和实践指导。

1. 交际学理论的核心观点

交际学是一门研究人类交际行为和交际过程的学科。其核心理论观点主要包括以下几个方面。

（1）交际是一个互动过程。交际学认为，交际是人与人之间相互作用的过程，包括信息的传递、理解和回应。这个过程是动态的、双向的，并且在不同的文化和背景下有所差异。

（2）交际具有目的性。交际行为总是带有目的性的，无论是为了传达信息、表达情感还是建立关系。交际者通过选择合适的语言和交际策略来实现特定的交际目标。

（3）语境的重要性。交际学强调语境在交际过程中的重要作用。不同的语境会影响交际者的言行举止、交际方式和目的。了解和适应语境是成功交际的关键。

(4) 非言语交际的重要性。交际学认为，非言语交际与言语交际同样重要。非言语信号如肢体语言、面部表情、姿态等，对于传达信息和理解对方的意图具有重要意义。

(5) 文化差异对交际的影响。交际学关注文化差异对交际的影响。不同文化背景下的交际规则、价值观和观念可能导致交际过程中的误解和冲突。因此，跨文化交际能力的重要性日益凸显。

(6) 交际技巧和策略。交际学认为，掌握一定的交际技巧和策略有助于提高交际效果。灵活运用各种交际技巧，如倾听、表达、提问、反馈等，可以增进人际关系的理解和和谐。

(7) 交际中的角色和身份。交际学关注交际者在交际过程中的角色和身份。交际者的角色和身份会影响其言行举止、交际策略和目的。

(8) 交际中的心理因素。交际学认为，交际过程中的心理因素如情绪、态度、信念等对交际效果产生重要影响。了解和调控心理因素有助于改善交际状况。

总之，交际学理论的核心观点聚焦于交际过程的互动性、目的性、语境敏感性以及文化差异等方面，为我们理解和分析人类交际行为提供了有力的理论支持。

2. 交际学理论在商务翻译研究中的发展

交际学理论作为研究人类交际行为和交际过程的学科，近年来在商务翻译研究中得到了广泛的应用。从理论融合、实践应用和研究拓展三个方面来看，交际学理论在商务翻译研究中的发展如下。

(1) 理论融合。交际学理论起源于 20 世纪早期，着重研究人类交际行为及其规律。随着翻译研究的不断发展，交际学理论逐渐与翻译研究相结合，为翻译理论体系提供了新的视角。特别是在功能主义翻译理论中，交际学理论得到了充分的体现。如德国翻译学家 Reiss 和 Venner 等提出的功能翻译理论，强调翻译过程中译者的交际意图和接受者的需求，提倡在翻译实践中实现跨文化交际的顺畅进行。

在商务翻译研究中，交际学理论与其他翻译理论的融合具有重要意义。例如，在功能翻译理论中，交际学理论作为其重要的理论基础之一，强调翻译过程中译者与原文作者、译文接受者以及翻译发起者之间的人际关系。这种融合为商务翻译研究提供了更加丰富和全面的理论视角，使得翻译研究不再仅仅局限于文字和语言层面，而是关注翻译过程中的交际互动。

此外，商务翻译研究与跨文化交际也密切相关，交际学理论与跨文化交际研究的融合有助于更好地理解商务翻译中的文化差异和交际障碍。通过研究不同文化背景下的交际习惯、价值观和表达方式，译者可以更好地适应目标文化的需求，提高翻译的质量和效果。

（2）实践应用。基于上述理论融合，交际学理论在商务翻译实践中的应用主要体现在交际策略的选择上。根据交际学理论，译者需要考虑到译文接受者的文化背景、语言能力和交际需求，采用合适的交际策略。例如，在商务谈判中，译者应充分了解双方的交际目的和意图，选择恰当的翻译方法和表达方式，以确保信息的准确传递和交际的成功。在跨文化商务翻译中，交际学理论具有重要的实践价值。通过研究不同文化背景下的交际习惯和表达方式，译者可以更好地解决文化障碍，确保译文的准确性和可读性。此外，交际学理论还可以帮助译者在跨文化商务翻译中灵活运用各种翻译技巧，如直译、意译、归化、异化等，以达到更好的交际效果。

教学中，商务翻译教材和课程设置方面，交际学理论也发挥着重要作用。通过对交际学理论的研究，教育工作者可以更好地指导学生掌握商务翻译的基本技能，提高他们的跨文化交际能力。此外，在商务翻译教学中，教师可以运用交际学理论设计模拟商务场景，让学生在实际操作中锻炼自己的翻译能力。

（3）研究拓展。随着互联网的普及和全球化的发展，网络商务翻译逐渐成为商务翻译研究的新热点。交际学理论可以有效地应用于网络商务翻译研究，探讨网络环境下商务翻译的交际特点和挑战，为网络商务翻译实践提供理论支持。

此外，商务口译是商务翻译的重要组成部分，交际学理论在商务口译研究中的应用具有现实意义。通过研究商务口译中的交际策略、交际障碍和口译技巧等问题，交际学理论可以为商务口译实践提供有益的指导。

近几年，随着数字技术的发展，更值得我们关注的是商务翻译研究也逐渐融入了新技术手段。交际学理论可以指导译者在数字化环境下进行商务翻译实践，如利用计算机辅助翻译工具、网络资源等，提高翻译效率和质量。

总之，交际学理论在商务翻译研究中的发展表现为理论融合、实践应用和研究拓展三个方面。通过不断地拓展和创新，交际学理论在商务翻译研究中将发挥更加重要的作用，为商务翻译实践提供有力的理论支持。

第六章

跨文化商务翻译的理论创新与实践

一、跨文化商务翻译理论的创新路径

（一）现有理论的批判性反思

跨文化商务翻译理论作为连接不同商业文化和语言的桥梁，对于全球商业交流的顺畅进行具有重要意义。然而，随着全球化的深入发展，跨文化商务翻译面临着日益复杂的挑战，要求翻译理论不断创新以适应新的需求。在跨文化商务翻译领域，已有多种理论框架被提出，如动态顺应翻译策略、关联理论视角下的翻译策略、归化和异化策略等。这些理论试图从不同角度解释和指导跨文化商务翻译实践，强调翻译者需要具备跨文化意识，充分理解并适应目标文化的语言习惯和文化背景。

1. 理论框架的局限性

尽管现有理论为跨文化商务翻译提供了一定的指导，但它们往往过于笼统，缺乏针对具体翻译实践的详细指导。此外，这些理论框架往往忽视了不同商务文化之间的差异和冲突，难以全面适应全球范围内不同商业文化背景的翻译需求。

2. 翻译者角色的单一化

现有理论往往将翻译者视为简单的信息传递者，忽视了翻译者在跨文化商务交流中的多重角色。翻译者不仅是语言的转换者，更是文化的传播者和交流者。因此，翻译者需要具备更广泛的知识和技能，以更好地适应跨文化商务翻译的需求。

3. 忽视技术发展的影响

随着人工智能和机器学习等技术的快速发展，翻译行业正在经历前所未有的变革。然而，现有理论往往忽视了这些技术对跨文化商务翻译的影响，未能充分利用新技术提高翻译效率和准确性。

为了更好地适应全球范围内不同商业文化背景的翻译需求，需要构建更加多元化的理论框架。这些框架应该充分考虑不同商务文化之间的差异和冲突，为翻译者提供更加具体和实用的指导；在跨文化商务翻译中，翻译者扮演着多重角色，包括语言转换者、文化传播者和交流者等。因此，需要强调翻译者的多重角色，并培养翻译者具备更广泛的知识和技能。同时，还应该为翻译者提供更多的培训和发展机会，以提高他们的综合素质和能力；人工智能和机器学习等技术的快速发展为翻译行业带来了前所未有的机遇。应该充分利用这些技术的优势，提高翻译效率和准确性。例如，可以利用机器翻译技术快速完成大量文本的初步翻译，然后利用人工翻译进行校对和润色；同时，也可以利用大数据分析等技术深入了解目标文化的语言习惯和文化背景，为翻译提供更加准确的指导。

（二）新理论的构建与发展

在全球经济一体化日益加剧的今天，跨文化商务翻译已成为促进国际商务交流与合作的关键环节。传统的翻译理论和方法在面对日益复杂的文化差异和语言障碍时，已显得力不从心。因此，构建与发展新的跨文化商务翻译理论，对于提升翻译质量、促进国际商务交流具有重要意义。

新理论的构建应基于对当前跨文化商务翻译实践的深入分析和总结。首先，要认识到翻译不仅仅是语言的转换，更是文化的传递和交流。因此，新理论应强调翻译的文化属性，注重翻译过程中的文化因素和文化差异。其次，新理论应引入跨学科的研究方法，如语言学、文化学、心理学等，以更全面地理解和解决翻译中的文化冲突和语言障碍。同时，新理论还应关注翻译技术的发展，如机器翻译、人工智能等，以提高翻译效率和准确性。

新理论的发展需要不断地实践验证和完善。在商务翻译实践中，新理论应被用于指导翻译实践，通过实践检验其有效性和可行性。同时，翻译实践中的问题和挑战也应成为新理论发展的重要动力和源泉。

在新理论的发展过程中，应注重与国际商务交流实践的结合。国际商务交流具有多样性和复杂性，翻译作为其中的重要环节，应能够灵活应对各种文化差异和语言障碍。因此，新理论的发展应关注国际商务交流的特点和需求，不断完善和调整翻译策略和方法。

二、跨文化商务翻译理论的应用场景

（一）不同领域的商务翻译实践

1. 法律领域

在跨国法律合同中，商务翻译需精确无误。笔者曾处理一起国际并购案，将复杂的法律条款从英文准确翻译为中文，确保双方对合同内容有清晰理解，避免了潜在的法律纠纷。

2. 医疗健康

在医疗设备的国际交易中，翻译涉及专业的医学术语和设备描述。笔者通过深入研究，成功将一份关于高端医疗设备的英文说明书翻译成中文，帮助中国买家更好地了解和使用产品。

3. 金融科技

在金融科技领域，翻译工作同样重要。笔者曾为一家国际支付平台提供翻译服务，将支付流程和风险管理策略从英文翻译为中文，帮助中国用户更便捷地使用该平台的金融服务。

（二）特定场景下的翻译策略选择

在特定场景下，翻译策略的选择至关重要。以国际会议为例，当涉及多语种参与者和高度专业化的内容时，翻译策略需侧重于准确性与即时性。此时，应优先选择专业背景深厚的译员，确保术语翻译准确无误。同时，考虑到交流的即时性，采用同声传译或交替传译的方式更为适宜。此外，还需准备相关的专业术语表，以应对可能出现的生僻词汇，确保信息传递的流畅与高效。

三、跨文化商务翻译的实践研究

（一）实践研究的方法与步骤

实践研究的方法与步骤通常包括以下几个关键环节：首先，明确研究目标，确定研究问题的具体性和可实践性。其次，收集相关资料，通过文献回顾、实地调查等方式获取必要信息。接着，制定详细的研究计划，包括研究方法、样本选择、数据收集与分析方法等。然后，按照计划执行研究，确保数据的准确性和可靠性。最后，整理研究结果，撰写研究报告，并对研究结果进行解释和讨论，提出切实可行的建议或策略。在整个过程中，还需保持研究的客观性和严谨性。

（二）实践研究的案例分析

商务翻译实践广泛存在于多个领域，它不仅要求语言准确，还需深入理解行业知识和文化背景。以下列举几个不同领域的商务翻译实践案例。

1. 法律翻译

在法律领域，商务翻译涉及合同、协议、诉状等法律文件的翻译。这些文件对语言的准确性、严谨性要求极高。法律翻译人员不仅要精通语言，还需具备法律专业知识，以确保翻译内容不产生歧义，符合法律要求。

在法律领域，商务翻译经常涉及合同和协议的翻译。例如，一家跨国公司与国内企业签订了一份技术转让合同。由于合同涉及复杂的法律条款和技术细节，需要确保翻译内容的准确性。法律翻译人员不仅需要精通语言，还需具备法律专业知识，对合同中的每一条款进行细致分析，确保翻译后的合同与原文在法律意义上完全一致。

另一个案例是诉状的翻译。一家国际公司在海外遭遇诉讼，需要将诉状翻译成中文以便在国内进行法律准备。翻译人员需要对法律术语有深入的理解，并考虑不同法律体系之间的差异，确保翻译后的诉状能够准确反映原诉状的内容和诉求。

2. 医学翻译

在医学领域，商务翻译常见于医疗设备的说明书、药品的注册资料等。医学翻译要求翻译人员具备医学背景知识，能够准确传达医学术语和复杂概念。此外，医学翻译还需特别注意翻译内容的准确性和可靠性，以确保患者的安全和健康。

在医学领域，商务翻译的一个常见案例是医疗设备的说明书翻译。一家医疗设备制造商为了将其产品推向国际市场，需要将设备的使用说明书翻译成多种语言。医学翻译人员需要具备医学背景知识，能够准确理解说明书中的医学术语和操作指南，确保翻译后的说明书能够清晰传达设备的使用方法和注意事项。

另一个案例是药品注册资料的翻译。一家制药公司为了将其新药推向国际市场，需要将药品的注册资料翻译成目标国家的语言。医学翻译人员需要了解药品监管的相关规定和要求，对注册资料中的医学数据、临床试验结果等进行准确翻译，以确保药品能够顺利获得目标国家的注册批准。

3. 金融翻译

金融领域的商务翻译涵盖财务报告、投资协议、金融政策等。这些文件通常包含大量专业术语和复杂的金融知识。金融翻译人员需要掌握金融知识，了解市场动态，以确保翻译内容的准确性和及时性。

金融领域的商务翻译涉及财务报告的翻译。例如，一家跨国公司需要将其年度财务报告翻译成中文，以便在中国市场进行信息披露。金融翻译人员需要掌握财务知识，了解财务报告的结构和内容，确保翻译后的财务报告能够准确反映公司的财务状况和经营成果。

另一个案例是投资协议的翻译。一家投资机构与一家初创企业签订了一份投资协议，需要将协议翻译成英文以便在国际市场上进行融资。金融翻译人员需要了解投资协议中的条款和条件，对投资金额、股权比例、投资期限等进行准确翻译，以确保投资双方能够充分理解协议的内容和要求。

4. 市场营销翻译

市场营销领域的商务翻译涉及广告、宣传册、市场分析报告等。这些翻译作品需要准确传达品牌形象和市场信息，同时符合目标市场的文化和语言习惯。市场营销翻译人员需要了解目标市场的文化背景和消费心理，以确保翻译内容的吸引力和说服力。

市场营销领域的商务翻译涉及广告的翻译。例如，一家国际化妆品品牌为了进入中国市场，需要将其广告词翻译成中文。市场营销翻译人员需要了解目标市场的文化背景和消费心理，对广告词进行本土化翻译，以确保翻译后的广告词能够吸引中国消费者的注意并激发他们的购买欲望。

另一个案例是市场分析报告的翻译。一家市场调研机构发布了一份关于中国市场的分析报告，需要将报告翻译成英文以便在国际市场上进行分享。市场营销翻译人员需要了解市场分析报告的结构和内容，对报告中的市场趋势、消费者行为等进行准确翻译，以确保翻译后的报告能够准确传达原始信息并为国际读者提供有价值的参考。

四、跨文化商务翻译理论与实践的互动

（一）理论与实践的相互促进

在商务翻译这一复杂而精细的领域中，理论与实践的相互促进构成了其持续发展的核心动力。理论为实践提供指导，而实践则不断验证和丰富理论，两者相辅相成，共同推动着商务翻译领域的进步。

1. 理论对实践的指导作用

商务翻译理论作为一个相对成熟的学科体系，为翻译实践提供了坚实的理论基础和方法论指导。首先，翻译理论明确了翻译的目的、原则和标准，为翻译实践指明了方向。在商务翻译中，翻译人员需要明确翻译是为了促进商务交流和合作，因此需要注重信息的准确性、语言的流畅性和文化的适应性。其

次，翻译理论提供了多种翻译方法和技巧，如直译、意译、音译等，帮助翻译人员更好地应对各种翻译难题。例如，在法律翻译中，翻译人员需要运用法律术语和专业知识，确保翻译内容的准确性和严谨性；在医学翻译中，翻译人员则需要掌握医学术语和专业知识，确保翻译内容的准确性和可靠性。此外，翻译理论还强调了翻译过程中的文化因素。在商务翻译中，不同文化背景下的商务习惯和表达方式可能存在差异，翻译人员需要充分理解这些差异，并采取合适的翻译策略来传达原文的意图。通过理论指导，翻译人员能够更好地把握翻译过程中的重点和难点，提高翻译质量和效率。

2. 实践对理论的丰富和发展

实践是检验真理的唯一标准，也是推动理论发展的重要动力。在商务翻译实践中，翻译人员会遇到各种复杂的翻译问题和挑战，这些问题和挑战不断推动着翻译理论的丰富和发展。

第一，实践为翻译理论提供了丰富的案例和素材。翻译人员在实践中积累了大量的翻译经验和教训，这些经验和教训为翻译理论的研究提供了宝贵的素材。通过对这些素材的分析和总结，翻译理论能够不断完善和发展，从而更好地指导翻译实践。

第二，实践不断验证和修正翻译理论。在翻译实践中，翻译人员会不断尝试新的翻译方法和技巧，并对这些方法和技巧进行验证和评估。如果一种翻译方法在实践中被证明是有效的，那么它就会成为翻译理论的一部分；如果一种翻译方法在实践中被证明是无效的，那么它就会被淘汰或修正。通过这种不断的验证和修正，翻译理论能够不断接近真理，更好地指导翻译实践。

第三，实践推动着翻译理论的创新和发展。在商务翻译实践中，翻译人员会遇到各种新的翻译问题和挑战，这些问题和挑战需要翻译理论进行解答和应对。为了应对这些新的问题和挑战，翻译理论需要不断创新和发展，提出新的翻译方法和策略。例如，随着全球化的发展和国际交流的加深，商务翻译中涉及的跨文化因素越来越多，翻译理论需要加强对跨文化因素的研究和探讨，提出更加有效的跨文化翻译策略。

（二）理论与实践的融合发展

在商务翻译这一高度专业化与复杂化的领域中，理论与实践的融合发展不仅成为推动行业进步的关键，更是塑造新篇章的核心动力。这种融合不仅体现在理论对实践的指导，也体现在实践对理论的丰富和修正上，两者相辅相成，共同推动着商务翻译领域的深入发展。

1. 理论对实践的指导与引领作用

在商务翻译领域，翻译理论为实践提供了坚实的理论基础和明确的方向。首先，翻译理论通过深入研究翻译的本质、原则和标准，为翻译实践提供了科学的指导。它告诉翻译人员如何在尊重原文的基础上，准确、流畅地传达原文的信息，同时考虑到目标语的文化背景和语言习惯。这种指导使翻译人员在面对复杂的商务翻译任务时，能够有条不紊地开展工作，确保翻译质量。其次，翻译理论为实践提供了多样化的翻译方法和技巧。这些方法和技巧是翻译人员在长期实践中总结出来的宝贵经验，能够帮助他们更好地应对各种翻译难题。例如，在法律翻译中，翻译人员可以运用法律术语和专业知识，确保翻译内容的准确性和严谨性；在医学翻译中，翻译人员需要掌握医学术语和专业知识，确保翻译内容的准确性和可靠性。翻译理论还强调了翻译过程中的文化因素，在商务翻译中，不同文化背景下的商务习惯和表达方式可能存在差异。翻译理论提醒翻译人员要充分理解这些差异，并采取合适的翻译策略来传达原文的意图。这种对文化因素的关注使翻译作品更加贴近目标语读者的文化背景和语言习惯，提高了翻译的接受度和传播效果。

2. 实践对理论的丰富与修正作用

实践是检验真理的唯一标准，也是推动理论发展的重要动力。在商务翻译实践中，翻译人员会遇到各种复杂的翻译问题和挑战，这些问题和挑战为翻译理论的发展提供了丰富的素材和动力。首先，实践为翻译理论提供了丰富的案例和素材。翻译人员在实践中积累了大量的翻译经验和教训，这些经验和教训为翻译理论的研究提供了宝贵的素材。通过对这些素材的分析和总结，翻译理论能够不断完善和发展，更好地指导翻译实践。其次，实践不断验证和修正翻译理论。在翻译实践中，翻译人员会不断尝试新的翻译方法和技巧，并对这些方法和技巧进行验证和评估。如果一种翻译方法在实践中被证明是有效的，那么它就会成为翻译理论的一部分；如果一种翻译方法在实践中被证明是无效的，那么它就会被淘汰或修正。通过不断地验证和修正，翻译理论能够不断接近真理，更好地指导翻译实践。最后，实践推动着翻译理论的创新和发展。随着全球化的发展和国际交流的加深，商务翻译领域面临着新的挑战和机遇。翻译实践中的新问题和新需求推动着翻译理论的创新和发展，为翻译领域带来新的研究方向和发展空间。这种创新和发展不仅丰富了翻译理论的内容，也提高了翻译实践的质量和效率。

五、跨文化商务翻译理论创新的未来展望

（一）理论创新的方向与挑战

在商务翻译这一高度专业化的领域中，理论创新是推动行业发展的关键。随着全球化进程的加速和国际交流的日益频繁，商务翻译领域面临着新的挑战和机遇，这也为理论创新提供了广阔的空间。然而，理论创新并非易事，它需要在现有理论的基础上进行深入探索，克服各种挑战，以实现新的突破。

1. 理论创新的方向

（1）跨文化交际与翻译。在全球化的背景下，跨文化交际成为商务翻译的重要组成部分。理论创新需要更加深入地研究不同文化背景下的交际习惯和表达方式，探索如何在翻译中更好地保留原文的文化内涵，同时使译文符合目标语读者的文化背景和语言习惯。

（2）技术与翻译的融合。随着人工智能、大数据等技术的快速发展，翻译技术也在不断进步。理论创新需要关注这些新技术在翻译中的应用，探索如何利用技术提高翻译效率和质量，同时研究技术带来的伦理和版权等问题。

（3）翻译质量与评估。翻译质量是商务翻译的核心问题。理论创新需要深入研究翻译质量的评估标准和方法，探索如何建立科学的评估体系，以客

观、准确地评价翻译作品的质量。

（4）跨学科研究。商务翻译涉及语言学、文学、经济学、法学等多个学科。理论创新需要打破学科壁垒，进行跨学科研究，将不同学科的理论和方法引入到商务翻译中，以丰富翻译理论的内容和提高翻译实践的质量。

2. 理论创新的挑战

（1）文化差异的复杂性。不同文化背景下的交际习惯和表达方式存在巨大差异，这给商务翻译带来了很大的挑战。理论创新需要深入研究这些差异，探索如何在翻译中更好地处理文化差异，以实现信息的准确传达和文化的顺畅交流。

（2）技术的双刃剑效应。技术的发展为商务翻译带来了便利，但也带来了挑战。如何平衡技术的效率和翻译的质量，如何在利用技术的同时避免技术的滥用和误用，是理论创新需要面对的重要问题。

（3）翻译质量的评估难题。翻译质量的评估是一个复杂而困难的问题。如何建立科学的评估体系，如何确保评估的客观性和准确性，是理论创新需要深入研究的课题。

（4）跨学科研究的困难。跨学科研究需要不同学科之间的合作和交流，但不同学科之间的知识体系和研究方法存在差异，这给跨学科研究带来了困难。理论创新需要克服这些困难，促进不同学科之间的交流和合作，以实现跨学科研究的深入发展。

（二）跨文化商务翻译理论的发展前景

1. 技术进步与跨文化商务翻译理论的融合

（1）人工智能与机器翻译。随着人工智能技术的飞速发展，机器翻译在商务翻译领域的应用越来越广泛。未来，跨文化商务翻译理论将更加注重与人工智能技术的融合，探索如何利用机器学习、自然语言处理等技术提高翻译的准确性和效率。

（2）翻译辅助工具的发展。翻译辅助工具如术语库、语料库等将继续得到完善和发展，为翻译人员提供更加便捷的翻译支持。这将有助于翻译人员更好地理解和处理不同文化背景下的商务文本，提高翻译质量。

2. 专业化与领域细分

（1）行业专业化。随着不同行业的深入发展，商务翻译领域将越来越专业化。例如，金融、法律、医疗等领域的商务翻译需求将不断增加。跨文化商务翻译理论需要针对这些特定行业进行深入研究，形成更加专业和精细的翻译理论。

（2）领域细分。在商务翻译领域内部，也将出现更加细致的领域划分。例如，市场营销、供应链管理、电子商务等领域的商务翻译将逐渐形成自己的特色。跨文化商务翻译理论需要关注这些细分领域的翻译需求，提供有针对性的翻译指导。

3. 跨文化交流能力的重要性

（1）文化敏感性的提升。跨文化商务翻译理论将更加注重培养翻译人员的文化敏感性。翻译人员需要深入了解不同文化的价值观、习俗和表达方式，以确保在翻译过程中能够准确传达原文的意图和文化内涵。

（2）跨文化沟通能力的强化。跨文化商务翻译不仅要求翻译人员具备语言能力，还需要具备跨文化沟通能力。未来，跨文化商务翻译理论将更加注重培养翻译人员的跨文化沟通能力，以适应全球化背景下的商务交流需求。

4. 国际化合作与交流

（1）国际翻译标准的制定。随着全球商务交流的增多，制定国际统一的翻译标准将变得越来越重要。跨文化商务翻译理论需要积极参与国际翻译标准的制定工作，推动全球商务翻译的规范化和标准化。

（2）国际交流与合作。加强国际间的交流与合作将有助于推动跨文化商务翻译理论的发展。通过参加国际学术会议、与国外翻译机构合作等方式，可以借鉴国外的先进经验和技术成果，促进跨文化商务翻译理论的创新和发展。

第七章

跨文化商务翻译中的文化差异处理

一、文化差异的认知与理解

（一）文化差异的概念与分类

1. 文化差异的概念

文化差异，顾名思义，是指不同地区、国家或族群之间在价值观、信仰、行为、社会习惯、语言、风俗等方面存在的显著不同。这种差异源于历史、地理、宗教、种族、社会制度等多种因素的综合影响，形成了各具特色的文化景观。文化差异不仅体现在物质文化层面，如建筑风格、服饰特色、饮食习惯等，更深刻地体现在精神文化层面，如价值观、信仰体系、审美观念等。

理解文化差异的概念对于促进国际交流与合作、加强跨文化沟通具有重要意义。在全球化的今天，各国之间的联系日益紧密，文化差异的存在既是挑战也是机遇。通过深入了解并尊重文化差异，我们可以更好地进行跨文化交流，避免误解和冲突，实现和谐共处。

2. 文化差异的分类

文化差异可以根据不同的标准进行分类，以下是一些常见的分类方式：

（1）地域文化差异。地域文化差异是指不同地理区域之间由于自然环境、历史背景、社会制度等因素形成的文化差异。例如，东方文化与西方文化在价值观、思维方式、行为方式等方面存在显著差异。此外，不同洲际、国家、地域之间的文化差异也十分明显，如亚洲文化、欧洲文化、非洲文化等。

（2）宗教文化差异。宗教文化差异是指不同宗教信仰对文化产生的深远影响。不同的宗教信仰在价值观、信仰体系、道德规范等方面存在差异，形成了各具特色的宗教文化。例如，伊斯兰文化、基督教文化、佛教文化等，反映了不同宗教信仰对文化的塑造作用。

（3）价值观差异。价值观差异是指不同文化对于价值观念的看法和重视程度不同。这种差异体现在个人主义与集体主义、自由与管制、权威与平等多个方面。例如，西方文化更加注重个人主义和自由精神，而东方文化则更加强调集体主义和权威观念。这种价值观的差异对于跨文化交流中的决策、行为等方面具有重要影响。

（4）语言差异。语言差异是指不同语言之间的文化呈现差异。语言不仅是交流的工具，更是文化的载体。不同语言之间的语法、词汇、表达方式等方面存在差异，反映了不同文化的思维方式和表达习惯。例如，中文和英文在表达方式上存在显著差异，中文注重意合而英文注重形合。这种语言差异对于跨文化交流中的语言翻译和沟通具有重要影响。

（5）习俗差异。习俗差异是指不同文化在节日庆祝、礼仪习惯、婚丧嫁娶等方面的差异。习俗是文化的重要组成部分，反映了不同文化的传统和特色。例如，中国的春节、西方的圣诞节等节日庆祝方式各具特色，体现了不同文化的传统和习俗。这种习俗差异对于跨文化交流中的文化适应和融合具有重要意义。

（二）文化差异对翻译的影响

1. 词汇选择的挑战

文化差异首先体现在语言的词汇选择上。由于不同文化对同一事物的认知和命名可能存在差异，因此，在翻译过程中，翻译者需要仔细斟酌词汇的选择，以确保译文的准确性和可接受性。例如，在英语中，“tea”一词通常用来指代茶叶或茶水，但在中国文化中，“茶”这个词具有更广泛的含义，不仅包括物质上的茶叶，还涵盖了茶文化、茶道等精神层面的内容。因此，在翻译与茶相关的内容时，翻译者需要充分考虑文化背景的差异，选择合适的词汇进行表达。

2. 语法和句式的差异

文化差异还体现在语言的语法和句式上。不同语言具有不同的语法结构和句式习惯，这可能导致在翻译过程中出现语句不通顺或意义不准确的情况。例如，在英语中，时间先后顺序通常由时间状语词（如 yesterday、tomorrow）决定，而在中文中，时间顺序则由动词词组的顺序来表达。因此，翻译者需要深入了解不同语言的语法结构和句式习惯，以便在翻译过程中进行准确转换。

3. 价值观和社会观念的影响

文化差异还涉及价值观和社会观念的不同。不同文化对行为、礼仪和道德有着不同的理解和要求，这可能导致在翻译过程中出现误解或冲突。例如，中国人注重家庭观念和尊重长辈，而西方文化更强调个人主义和个人自由。在翻译涉及家庭、社会等方面的内容时，翻译者需要充分考虑这些文化差异，以确保译文能够准确传达原文的含义并符合目标语言读者的价值观和社会观念。

4. 文化意象的传递

文化差异还体现在文化意象的传递上。文化意象是指某一文化特有的、具有象征意义的符号或形象。由于不同文化对同一文化意象的理解和解读可能存在差异，因此，在翻译过程中，翻译者需要特别注意文化意象的传递问题。例如，在中国文化中，“龙”是吉祥、权威的象征，而在西方文化中，“龙”则通常被视为邪恶、凶猛的生物。在翻译涉及“龙”的内容时，翻译者需要充分考虑这些文化差异，选择合适的词汇或表达方式进行翻译。

5. 应对策略

为了应对文化差异对翻译的影响，翻译者可以采取以下策略：

（1）深入了解不同文化的背景和价值观，以便在翻译过程中进行准确的转换和表达。在翻译过程中，对不同文化背景和价值观的理解至关重要。只有深入了解这些背景和价值观，译者才能在翻译时进行准确的转换和表达。例如，中文中的成语和典故，如“狼来了”“塞翁失马”等，需要在翻译时充分理解其背后的文化内涵，并在英文中找到恰当的对应表达。

（2）运用注释或解释的方式介绍和解释原文中的文化信息，帮助读者更好地理解原文的内涵。在翻译过程中，有时候需要通过注释或解释的方式，介绍和解释原文中的文化信息。例如，在翻译中国古代诗词时，译者需要在诗篇下方添加注释，解释一些历史文化背景、习俗或是诗人生平，以帮助读者更好地理解诗篇的内涵。

（3）在翻译过程中注意文化意象的传递问题，选择合适的词汇或表达方式进行翻译。文化意象的传递是翻译中的一个重要问题。例如，中文中的“月亮”常常代表思念和团圆，而在英文中，“moon”并没有类似的象征意义。因此，在翻译相关内容时，需要将这种文化意象恰当地在英文中表达出来。

（4）借助现代科技手段如翻译辅助工具、语料库等提高翻译效率和质量。现代科技手段在翻译领域的应用为译者提供了诸多便利。例如，翻译辅助工具如 Google 翻译、有道翻译等可以帮助译者快速地查找单词和短语。此外，语料库可以根据大量真实语料为译者提供参考，有助于提高翻译的准确性和质量。

综上所述，文化差异对翻译产生了深远的影响。翻译者需要充分考虑文化差异的影响，采取合适的策略进行应对，以确保译文的准确性、可接受性和文化适宜性。

二、文化差异的处理策略

（一）归化与异化的翻译策略

在翻译领域，归化和异化是两种主要的翻译策略，它们在处理不同文化和语言之间的差异时发挥着重要作用。归化策略强调将源语言的文化特点和习惯转化为目标语言的文化特点和习惯，使译文更符合目标语言读者的习惯和理解；而异化策略则更强调保留源语言的文化和语言特色，以保持原文的异国情调。

1. 归化翻译策略

（1）定义与特点。归化翻译策略是指将源语言的文化特点、习惯、思维方式等转化为目标语言的文化特点、习惯、思维方式等，使译文更符合目标语言读者的习惯和理解。这种翻译策略通常用于翻译文化类、社会类、历史类等涉及文化差异较大的领域。归化翻译策略的特点是在保留源语言文化特点的基础上，将其转化为目标语言文化特点，使译文更具有文化特色和魅力。

（2）应用实例。归化翻译策略的一个典型例子是《红楼梦》的英译。由于《红楼梦》具有深厚的文化底蕴和独特的语言风格，直接翻译很难为西方读者所理解。因此，在英译过程中，译者采用了归化策略，将小说中的文化元素转化为西方文化中相应的概念和形象，如将“贾宝玉”翻译为“Jia Baoyu”，“林黛玉”

翻译为“Lin Daiyu”，这些译名更符合西方读者的文化背景和语言习惯。

（3）优缺点。归化翻译策略的优点在于能够更好地传达源语言的文化信息，使译文更具有文化特色和魅力，同时提高译文的可读性和接受度。然而，这种翻译策略也存在一定的缺点，比如可能会导致译文过于“本土化”，失去原文的异国情调，难以保留源语言文化的独特性。

2. 异化翻译策略

（1）定义与特点。异化翻译策略是指保留原文中的独特表达方式和文化意象，同时通过注释等方式提供更多的背景信息，以帮助目标语言读者更好地理解译文。这种翻译策略有助于保留原文的文化特色，让目标语言读者了解不同文化的表达方式和价值观。

（2）应用实例。异化翻译策略的一个典型例子是《百年孤独》的英译。这部拉丁美洲小说具有浓厚的魔幻现实主义色彩和独特的语言风格，如果采用归化策略翻译，可能会失去原有的特色和韵味。因此，在英译过程中，译者采用了异化策略，保留了原文中的独特表达方式和文化意象，如将“纸老虎”翻译为“papertiger”，同时添加注释解释这个比喻的含义。

（3）优缺点。异化翻译策略的优点在于能够保留原文的文化特色和独特性，让目标语言读者了解不同文化的表达方式和价值观。然而，这种翻译策略也存在一定的缺点，比如可能会增加读者的阅读难度，需要读者具备更多的背景知识和理解能力。

（二）文化补偿与注释

在翻译过程中，尤其是跨文化翻译中，文化补偿与注释扮演着举足轻重的角色。由于不同文化背景下的语言、习俗、价值观等存在差异，翻译者在传递原文信息时，往往需要进行文化补偿，以确保目标语言读者能够准确理解并接受原文的文化内涵。同时，注释作为辅助工具，为翻译中的文化元素提供必要的解释和背景信息，有助于增强译文的可读性和准确性。

1. 文化补偿的重要性与应用

（1）文化补偿的重要性。文化补偿是指在翻译过程中，为了弥补因文化差异造成的理解障碍，翻译者采用一定的手段对原文中的文化元素进行解释、补充或改写。这种补偿有助于确保目标语言读者能够准确理解原文的文化内涵，从而增强译文的可读性和可接受性。文化补偿的重要性在于它能够消除文化隔阂，促进不同文化之间的交流和理解。

（2）文化补偿的应用。文化补偿在翻译中的应用主要体现在以下几个方面。

①解释性补偿。当原文中的文化元素在目标语言中无对应词汇时，翻译者可以通过解释的方式对其进行补偿。例如，在翻译中国古代诗词时，对于某些具有特定文化背景的意象，翻译者可以在译文中添加解释性文字，以帮助读者理解其含义。

②改写性补偿。在某些情况下，原文中的文化元素可能无法直接翻译为目标语言中的对应表达。此时，翻译者可以采用改写的方式对其进行补偿。例如，在翻译某些具有浓厚地域特色的成语或俗语时，翻译者可以将其改写为目标语言中相似的表达方式，以保持原文的韵味和意境。

③添加性补偿。在翻译过程中，为了弥补文化差异造成的理解障碍，翻译者可以在译文中添加一些额外的信息。这些信息可能包括背景知识、历史典故、文化习俗等，有助于读者更好地理解原文的文化内涵。

2. 注释在翻译中的重要性与应用

（1）注释的重要性。注释在翻译中扮演着重要的角色，它为读者提供了关于原文中文化元素的详细解释和背景信息。通过注释，读者可以更加深入地了解原文的文化背景、历史渊源、社会习俗等，从而加深对原文的理解和欣赏。注释的重要性在于它能够增强译文的可读性和准确性，为读者提供更为丰富的阅读体验。

（2）注释的应用。注释在翻译中的应用主要体现在以下几个方面。

①解释性注释。对于原文中的某些文化元素，翻译者可以在译文中添加解释性注释，为读者提供详细的解释和说明。这些注释有助于读者更好地理解原文的文化内涵和背景。

②补充性注释。在某些情况下，原文中的某些内容可能无法直接翻译为目标语言中的对应表达。此时，翻译者可以在译文中添加补充性注释，为读者提供额外的信息或解释。这些注释有助于读者更加全面地了解原文的内容和含义。

③参考性注释。为了方便读者查阅相关资料或进一步了解原文的背景信

息，翻译者可以在译文中添加参考性注释。这些注释通常包括书名、作者、出版社等信息，为读者提供了便捷的查询途径。

三、商务礼仪与跨文化翻译

（一）商务礼仪的跨文化差异

1. 商务礼仪的基本概念

商务礼仪是指在商业活动中，为了表示尊重、友好和合作而遵循的一系列行为规范和准则。它涵盖了从商务会面、会议安排、餐饮礼仪到谈判技巧等各个环节，是商业交流中不可或缺的一部分。

2. 商务礼仪的跨文化差异

（1）见面礼仪的差异。不同国家和地区的见面礼仪存在较大差异。例如，在中国，握手是一种常见的见面礼仪，而在日本，鞠躬则更为普遍。在西方文化中，握手时通常注重力度和持续时间，而在某些亚洲国家，握手可能较为轻柔和短暂。此外，在一些中东国家，亲吻脸颊或额头也是常见的见面礼仪。

（2）会议礼仪的差异。会议是商务活动中的重要环节，而会议礼仪的差异则体现在时间观念、会议安排和发言方式等方面。在西方文化中，会议通常以时间为导向，注重效率和准时性，而在东方文化中，会议时间可能较为灵活，更注重人际关系和沟通。在会议安排方面，西方国家通常提前制定详细的议程和时间表，而东方国家则可能更加注重会议的灵活性和即兴性。在发言方式上，西方国家倾向于直接、明确地表达观点，而东方国家则可能更加注重委婉和含蓄。

（3）餐饮礼仪的差异。餐饮礼仪在商务活动中也占据重要地位。不同国家和地区的餐饮习惯、餐具使用、餐桌礼仪等方面存在较大差异。例如，在西方国家，刀叉是常见的餐具，而在中国则使用筷子。在餐桌礼仪方面，西方国家注重分餐制，每个人面前有自己的餐盘和餐具，而东方国家则可能采用共餐制，共享菜品和餐具。此外，在餐饮习惯方面，不同国家对于酒文化、饮茶文化等也有各自的传统和特色。

（4）礼物赠送的差异。在商务活动中，礼物赠送是一种重要的表达尊重和友好的方式。然而，不同国家和地区对于礼物赠送的观念、方式和选择也存在差异。在东方文化中，礼物的赠送被认为是一种表示关心和尊重的方式，而在西方文化中，礼物的赠送可能会被视为贿赂或收买行为。因此，在跨文化商务交流中，了解并尊重对方的礼节习惯至关重要。

（二）商务礼仪在翻译中的处理

1. 商务礼仪翻译的重要性

商务礼仪翻译在国际商务活动中具有极高的价值。在全球化背景下，企业应当重视商务礼仪翻译的研究和应用，以提高自身的国际竞争力，实现可持续发展。同时，商务礼仪翻译也有助于促进跨文化交流，增进国际友谊，为构建人类命运共同体贡献力量。其重要性具体体现在以下几个方面。

（1）促进跨文化交流，避免潜在风险。商务礼仪翻译有助于避免在国际商务活动中产生潜在风险。不同国家和地区的商务法规和标准存在差异，商务礼仪翻译可以帮助我们了解并遵循相关规定，避免因违规操作而导致的法律风险。同时，遵循当地的商务礼仪，还有助于避免因文化差异引发的争议和纠纷。商务礼仪翻译有助于消除语言和文化障碍，使跨文化交流更加顺畅。在进行国际商务活动时，了解并遵循对方的商务礼仪规范，有助于展现尊重和友好的态度，进而增进彼此之间的信任和合作。商务礼仪翻译能够让我们更好地了解不同文化背景下的商务习惯，从而避免在交往中出现误解和冒犯。

（2）提高员工素质，提升企业形象。商务礼仪翻译有助于提高企业员工的商务素质。通过开展商务礼仪培训和翻译，员工可以更好地了解国际商务规范，增强跨文化交流能力，进一步提高自身的业务水平。此外，商务礼仪翻译还可以激发员工对企业文化的认同感，增强团队凝聚力。商务礼仪翻译有助于提升企业的国际形象。一个企业在开展国际业务时，如果能够准确地运用当地商务礼仪，将极大地增加其在国际市场的竞争力。此外，遵守当地商务礼仪规范，还能为企业在当地树立良好的口碑，进而提高企业的品牌形象。

(3) 增进人际关系，提高商务谈判效果。商务礼仪翻译有助于在国际商务场合中建立良好的人际关系。人际关系是商务活动的重要基础，遵循对方的商务礼仪，可以让对方感受到尊重和关心，进而拉近彼此之间的距离。商务礼仪翻译能够帮助我们更好地融入当地的商业环境，与他人建立良好的人际关系。在国际商务谈判中，了解并尊重对方的商务礼仪，可以使谈判过程更加和谐，有利于达成共识。此外，商务礼仪翻译还能够帮助我们更好地了解对方的谈判策略和意图，从而提高谈判的成功率。

2. 商务礼仪翻译的挑战

商务礼仪翻译面临的主要挑战包括文化差异、语言习惯差异和表达方式差异等。不同国家和地区的商务礼仪因其文化背景、历史传统、社会习俗等因素而呈现出多样性，这给翻译工作者带来了很大的挑战。同时，不同语言之间的语言习惯和表达方式也存在差异，这要求翻译工作者在翻译过程中要充分考虑目标语言读者的语言习惯和文化背景，确保译文的准确性和可读性。此外，在商务礼仪翻译中，保持风格统一至关重要。译者需要在翻译过程中注意句子结构、语言风格等方面的一致性。这不仅有助于提升译文的品质，还能体现公司的专业形象。商务礼仪翻译有时也需要根据实际情况进行调整。译者要具备较强的判断力和应变能力，在翻译过程中根据实际情况作出适当调整。例如，在翻译一份紧急通知时，译者需注意语言的紧迫性和简洁性。

3. 商务礼仪翻译的处理方法

(1) 深入了解文化背景。在进行商务礼仪翻译之前，翻译工作者需要深入了解不同国家和地区的文化背景、历史传统、社会习俗等因素。这有助于他们更好地理解原文中的商务礼仪含义，并选择恰当的翻译方法和词汇进行表达。

(2) 准确传达礼仪含义。商务礼仪翻译的核心是准确传达原文中的礼仪含义。翻译工作者需要在深入理解原文的基础上，选择恰当的词汇和句式进行表达，确保译文能够准确地传达原文的礼仪含义和文化内涵。同时，他们还需要注意目标语言读者的语言习惯和文化背景，避免使用可能引起误解或冲突的词汇和表达方式。

(3) 灵活运用翻译技巧。在商务礼仪翻译中，翻译工作者需要灵活运用各种翻译技巧，如直译、意译、增译、减译等。直译可以保留原文的句式和词汇，但可能会因为文化差异而导致误解；意译则可以根据目标语言读者的语言习惯和文化背景进行适当调整，使译文更加自然流畅。增译和减译则可以根据需要添加或删除一些信息，以更好地传达原文的礼仪含义。

（4）借助专业工具和资源。在进行商务礼仪翻译时，翻译工作者可以借助各种专业工具和资源，如词典、语料库、翻译软件等。这些工具和资源可以提供丰富的词汇和表达方式选择，帮助翻译工作者更准确地传达原文的礼仪含义。同时，他们还可以参考其他翻译工作者的经验和案例，以提高自己的翻译水平和质量。

商务礼仪翻译是跨文化商务交流中的重要环节，其处理质量直接关系到商业合作的顺利进行。翻译工作者需要深入了解不同国家和地区的文化背景、历史传统、社会习俗等因素，准确传达原文中的礼仪含义，并灵活运用各种翻译技巧和方法。同时，他们还需要借助专业工具和资源，不断提高自己的翻译水平和质量，以更好地服务于跨文化商务交流。

四、文化词汇与术语的翻译

（一）文化词汇的翻译方法

在跨文化交流中，文化词汇的翻译是一项极具挑战性的任务。文化词汇通常承载着丰富的文化内涵和历史背景，其翻译不仅要求传达词汇的基本含义，更要准确传递其背后的文化内涵。

1. 文化词汇翻译的重要性

文化词汇翻译的重要性在于，它能够准确、到位地将一种语言的文化内涵和独特性传达给另一种语言的读者。好的文化词汇翻译不仅要求翻译者具备高超的语言技能，还对他们的文化素养和跨文化交流能力有很高的要求。文化词汇翻译在推动文化交流、传播民族文化、提高翻译质量和消除误解等方面具有重要意义。

在翻译过程中，翻译者需要充分了解原文背景和文化内涵，以确保翻译出来的文本能够体现原文的文化特点。这有助于传播和弘扬各民族的文化，同时让读者感受到异域文化的魅力。译者可以引入新的表达方式和词汇，丰富目标语言的内涵。这有助于提高目标语言的表达能力和传播效果。此外，准确翻译文化词汇能够提升译文的质量，使得译文更加符合读者的语言习惯和审美需求。我们知道，在跨文化交流中，文化词汇的误译可能导致误解和冲突。准确翻译文化词汇有助于消除这些误解，防止潜在的风险。尤其对于我国来说，准确翻译文化词汇可以向世界展示中华文化的魅力，提升国家的文化软实力和国际影响力。

2. 文化词汇的翻译方法

（1）音译法。音译法是指按照原词的发音，在目标语中寻找与其发音相近的词汇进行翻译。这种方法在翻译一些专有名词、人名、地名等时尤为常见。例如，“功夫”（Kung Fu）、“麻将”（Mahjong）、“孔子”（Confucius）等都是采用音译法翻译的。音译法的优点是能够保留原词的发音特点，但缺点是可能无法准确传达原词的文化内涵。

（2）直译法。直译法是指在保留原词基本含义的基础上，尽可能保持原词的语法结构和修辞特点进行翻译。这种方法适用于一些具有普遍性的文化词汇，如“红包”（red packet）、“铁饭碗”（iron rice bowl）等。直译法的优点是能够准确传达原词的基本含义，同时保留原词的修辞特点，但缺点是可能因文化差异而导致误解。

（3）意译法。意译法是指在理解原词文化内涵的基础上，采用目标语中的相应词汇或短语进行翻译。这种方法适用于一些具有特殊文化内涵的词汇，如“裹足”（bound feet with a vile feudal practice）、“见风使舵”（steer according to the wind）等。意译法的优点是能够准确传达原词的文化内涵，但缺点是可能无法保留原词的修辞特点。

（4）音译加解释法。音译加解释法是指在音译的基础上，通过添加注释或解释性文字来进一步解释原词的文化内涵。这种方法在翻译一些具有特殊文化内涵且难以直接翻译的词汇时非常有效。例如，在翻译“压岁钱”（Yasuiqian or gift money）时，通过添加解释性文字“given to children during the Lunar New

Year”，可以准确地传达其文化内涵。

（5）直译加注法。直译加注法是指在直译的基础上，通过添加注释或尾注来进一步解释原词的文化背景或文化内涵。这种方法适用于一些具有特殊文化背景且难以直接理解的词汇。例如，在翻译“三个臭皮匠，赛过诸葛亮”（Three cobblers with their wits combined surpass Zhuge Liang，the mastermind）时，通过添加注释“Zhuge Liang was a renowned strategist in Chinese history”，可以帮助读者更好地理解原词的文化背景。

文化词汇的翻译是跨文化交流中的重要环节。在翻译过程中，我们需要根据具体情况选择合适的翻译方法，以准确传达原词的基本含义和文化内涵。同时，我们还需要不断学习和积累，提高自己的文化素养和翻译能力，以更好地服务于跨文化交流事业。

（二）商务术语的准确翻译

在全球化的商业环境中，商务术语的准确翻译对于促进跨国商业交流、确保商务活动的顺利进行具有至关重要的作用。商务术语不仅涵盖了商业领域的专业词汇，还涉及了与商务活动相关的各种概念、流程和策略。因此，对商务术语进行准确翻译，不仅能够确保信息的准确传递，还能够避免因误解而导致的商业纠纷和损失。

商务术语的准确翻译对于商业活动的顺利进行至关重要。首先，准确翻译商务术语能够确保信息的准确传递。在商业交流中，信息的准确传递是双方合作的基础。如果商务术语翻译不准确，可能会导致信息的误解或遗漏，进而影响商业合作的顺利进行。其次，准确翻译商务术语能够避免商业纠纷和损失。商务术语通常具有特定的含义和用法，如果翻译不准确，可能会导致双方对合同条款、交易条件等产生分歧，进而引发商业纠纷和损失。最后，准确翻译商务术语有助于提升企业的国际形象和竞争力。在跨国商业交流中，准确翻译商务术语能够展示企业的专业性和国际化水平，增强企业在国际市场上的竞争力。

在进行商务术语翻译之前，首先要深入了解商务领域的相关知识。这包括商务领域的专业词汇、行业规范、业务流程等。只有深入了解商务领域的知识，才能够准确理解商务术语的含义和用法，从而进行准确的翻译。

在翻译商务术语时，可以查阅专业词典和参考资料来获取准确的翻译。这些专业词典和参考资料通常收录了商务领域的专业词汇和术语，并提供了详细的解释和用法示例。通过查阅这些资料，可以获取准确的翻译，并了解商务术语的具体用法。

商务术语的翻译不仅要注意词汇本身的含义，还要注意语境和文化差异的影响。在不同的商务场景和文化背景下，商务术语的含义和用法可能会有所不同。因此，在翻译商务术语时，要根据具体的语境和文化背景进行翻译，以确保翻译的准确性和恰当性。

在进行商务术语翻译时，要遵循翻译规范和标准。这包括语法规范、拼写规范、标点符号规范等。遵循翻译规范和标准可以提高翻译的准确性和可读性，同时也能够增强翻译的权威性和可信度。

商务术语的翻译是一个不断学习和积累的过程。随着商业活动的不断发展和变化，新的商务术语和概念不断涌现。因此，翻译工作者需要不断学习和积累新的商务术语和翻译方法，以提高自己的翻译水平和能力。

商务术语的准确翻译对于促进跨国商业交流、确保商务活动的顺利进行具有至关重要的作用。在进行商务术语翻译时，需要深入了解商务领域知识、查阅专业词典和参考资料、注意语境和文化差异、遵循翻译规范和标准，并不断学习和积累经验。只有这样，才能够确保商务术语的准确翻译，为商业活动的顺利进行提供有力的支持。

五、跨文化商务翻译案例分析

（一）成功案例分析

1. 案例一：科技产品说明书翻译

（1）背景。一家中国科技公司计划将其最新研发的智能家居产品推向国际市场。由于产品功能复杂，涉及众多专业术语和独特的技术描述，因此如何准确地将产品说明书翻译成英语，以便国外消费者理解，成了一项重要任务。

（2）翻译策略与成果。

①专业术语翻译。翻译团队首先深入研究产品技术文档，准确理解并翻译了所有专业术语。对于某些在英文中无直接对应词的术语，采用了音译加解释的方式，确保信息的准确性。

②语境考虑。在翻译过程中，团队充分考虑了英文读者的阅读习惯和思维方式，对句子结构进行了适当调整，使译文更加流畅易懂。

③文化适应性。团队还注意到不同文化背景下消费者对产品的不同需求和关注点，因此在翻译过程中加入了一些符合目标市场消费者喜好的表述方式。

（3）结果。经过精心翻译的产品说明书准确传达了产品的功能和特点，得到了国外消费者的广泛好评。该公司凭借这一成功的翻译案例，成功打开了国际市场，实现了产品的全球化推广。

2. 案例二：商务合同翻译

（1）背景。一家中国公司与一家美国公司签订了一份重要的商务合同。由于合同内容涉及复杂的法律条款和商业规则，因此如何确保合同的准确翻译，成为双方关注的焦点。

（2）翻译策略与成果。

①法律术语准确性。翻译团队由具备法律背景的翻译人员组成，他们准确理解并翻译了合同中的所有法律术语，确保了合同内容的准确性和法律效力。

②逐句对照翻译。为确保翻译的准确性和一致性，团队采用了逐句对照翻译的方式，对原文和译文进行逐句比对，确保每一句话的准确传达。

③文化敏感性。在翻译过程中，团队还特别注意了不同文化背景下的商业规则和习惯，确保译文符合目标市场的商业文化和法律环境。

（3）结果。经过精心翻译的合同准确传达了双方的意图和权益，为双方的合作提供了坚实的法律保障。这份成功的翻译案例不仅增强了双方的合作信心，也为公司的国际化发展奠定了坚实的基础。

3. 案例三：商务会议口译

（1）背景。一家中国跨国公司组织了一场重要的国际商务会议，邀请了来自不同国家和地区的商业伙伴参加。为确保会议的顺利进行，公司聘请了专业的口译人员为会议提供口译服务。

（2）口译策略与成果。

①快速准确反应。口译人员具备丰富的商务知识和语言能力，能够迅速准确地理解并传达讲话人的意图和信息。

②文化敏感性。在口译过程中，口译人员特别注意了不同文化背景下的语言习惯和表达方式，避免了因文化差异而导致的误解或冲突。

③灵活应变。面对会议中可能出现的各种突发情况，如技术故障、讲话人语速过快等，口译人员能够迅速作出反应，采取适当的应对策略，确保会议的顺利进行。

（3）结果。口译人员的出色表现赢得了与会者的一致好评。他们不仅准确传达了会议信息，还通过灵活的应变能力和专业的语言技能，为会议的顺利进行提供了有力保障。这次成功的口译案例进一步提升了公司在国际商业领域的形象和声誉。

（二）失败案例分析

1. 案例一：误解文化背景导致的翻译失败

（1）背景。某家中国企业在与一家德国企业进行商务谈判时，需要翻译一份关于产品质量保证的合同。其中，中国企业在合同中提到了“三包政策”（即包修、包换、包退），这是在中国非常普遍的一种消费者权益保障措施。

（2）翻译问题。在翻译过程中，翻译人员直接将“三包政策”翻译为“Three Guarantees Policy”，而没有对“三包”的具体内容进行解释。德国企业对此感到困惑，因为“Three Guarantees”在他们的文化背景中并没有明确的含义，导致双方对合同内容产生了误解。

（3）分析。这个案例中的翻译失败主要是由于翻译人员没有考虑到文化差异。在德国，可能没有类似于“三包政策”的消费者保护政策，因此直接翻译可能导致误解。正确的做法应该是在翻译时添加解释，说明“三包”具体指的是什么，以及在中国法律中的地位和作用。

2. 案例二：专业术语翻译不准确导致的失败

（1）背景。一家美国金融公司与一家日本公司进行金融衍生品交易的谈判，其中涉及许多金融专业术语。

（2）翻译问题。在翻译过程中，翻译人员将“credit default swap”（信用违约互换）错误地翻译为“信用违约保险”。虽然这两个词汇在中文中看起来相似，但在金融领域却有着截然不同的含义。信用违约互换是一种金融衍生品，用于对冲信用风险，而“保险”则是一种风险转移的工具。

（3）分析。这个案例中的翻译失败主要是由于翻译人员对金融专业术语的理解不够准确。在翻译专业术语时，翻译人员需要具备相关的专业知识，并仔细查阅专业词典和资料，以确保翻译的准确性和专业性。

3. 案例三：忽视语境导致的翻译失败

（1）背景。一家法国时尚品牌在中国市场进行广告宣传，其中涉及一些法文标语和口号的翻译。

（2）翻译问题。在翻译一句法文标语“Le style est une attitude”（风格是一种态度）时，翻译人员直接将其翻译为“风格就是态度”。这种翻译虽然字面上看起来没有问题，但在中文语境中却显得平淡无奇，无法传达出原标语所表达的时尚、个性和自信的内涵。

（3）分析。这个案例中的翻译失败主要是由于翻译人员忽视了语境的重要性。在翻译标语和口号时，翻译人员需要充分考虑到目标市场的文化背景和语境特点，选择更加贴近目标市场受众的表达方式。正确的做法应该是在翻译时添加一些修饰词或调整句式结构，使翻译更加生动、有力，并能够准确传达原标语所表达的含义和情感。

第八章

商务文本翻译策略

一、合同与协议的翻译

（一）合同翻译的法律要求

在当今这样一个法治社会中，合同作为一种法律文书，被广泛应用于各个领域。买卖合同，赠与合同，借款合同，租赁合同等在我们的生活中几乎无处不在，与每一个人都息息相关。什么是合同？合同是民事主体之间设立、变更、终止民事法律关系的协议。合同的本质是一种契约，是双方达成交易、各取所需的书面约定。它源于人类社会对信用的需求，无论是出于政治、经济、宗教或社交目的，人们都需要受信于人，也需要取信于人。什么是合同翻译？合同翻译一般是指对国际贸易中的合同、章程、条款的翻译。

全球化时代，在跨国贸易合作中，合同作为合作双方互相约束的一份文件，在保护双方权益、明确双方义务，促进跨国贸易和商务活动的顺利进行中发挥着至关重要的作用。在这个过程中，想要克服语言差异带来的沟通障碍，就需要将合同翻译成多种语言，并确保原文的每一个关键细节都能准确传达。合同作为一种具有法律效力的规范性文件，在翻译中的任何一个微小错误都可能导致争议的产生，甚至造成巨大的经济损失，因此要求十分严谨、准确。专业的合同翻译译员除了需要了解合同本身的专业知识外，还需要了解国际贸易、国际金融、会计学、保险学、法学等领域的知识。

如何做好合同翻译？遵循以下四大原则。

1. 准确性原则

合同是一种法律文件，法律的严肃性决定了法律语言必须准确和严谨，法律文件的翻译亦是如此。准确性是法律文本翻译的根本，译者在翻译合同文件时，要把“准确”作为首要标准，尤其是合同中的法令术语、要害词语的翻译更应予以特别重视。

2. 清晰简明性原则

用清晰简明的词语表达法律概念是法律语言最基本的要求，合同翻译亦是如此。法律翻译的清晰和简明体现在使用清晰简明的词语和清晰简明的句式两大方面。简明、扼要的言语是立合同最好的言语，在合同翻译时要尽量做到舍繁求简，防止逐词翻译、行文拖沓。

3. 用词统一性原则

同一概念的译词不统一，为严谨的翻译所不容。在合同翻译的过程中，我们应自始至终地坚持用同一术语表示同一概念，那些看似同义或近义的词语，都有可能表示不同的概念，因此应严格禁止使用。当遇到两个或多个看似同义或近义的术语时，我们要清楚它们并非同义词，而是应该尽最大努力区分它们之间的语义差异，并运用准确的词语将它们确切地表达出来。比如 profit 这个词可能作“收益”解，也可能是“利润”，“利润率”或“红利”等词义。如果我们一开始按原意译成“利润”，就应当保持一致性，将合同中的一词一律译成“利润”，不能时而译成“利润”，时而又译成“利益”等。

4. 言语规范化原则

主要是指在合同翻译中运用官方认可的规范化言语或书面语，以及防止运用方言和俚语。在合同文书的起草和翻译中有必要强调选用官方用语，尤其是现行合同中已有界定的词语。注意以下“三大要素”。

（1）合同责任条款的翻译众所周知，合同中要明确规定双方的责任。为准确翻译出双方责任的权限与范围，常常使用连词和介词的固定结构。常用“and/or”（和/或）来翻译合同中“甲和乙 + 甲或乙”的内容，这样就可避免漏译其中的一部分。例句：如果上述货物对船舶和（或）船上其他货物造成任何损害，托运人应负全责。The shipper shall be liable for all damage caused by such goods to the ship and/or cargo on board. “by and between” 强调合同是由“双方”签订的，因此双方必须严格履行合同所赋予的责任。例句：买卖双方同意按下述条款购买出售下列商品并签订本合同。This Contract is made by and between the Buyer and the Seller, whereby the Buyer agrees to buy and the Seller agrees to sell the undermentioned commodity subject to the terms and conditions stipulated below.

（2）合同时间条款的翻译在翻译与时间有关的文字时，都应非常严格慎重地处理，因为合同对时间的要求是准确无误。所以翻译起止时间时，常用以下结构来限定准确的时间。on and after 用双介词来翻译含当天日期在内的起止时间。例句1：自8月10日起，甲方已无权接受任何订单或收据。Party A shall be unauthorized to accept any orders or to collect any account on and after 10th August. 例句2：我公司的条件是，1个月内，即不得晚于1月1日，支付现金。Our terms are cash within one month，i. e. on or before Jan 1.

not（no）later than 用“not（no）later than + 日期”翻译“不迟于某月某日”。例句：本合同签字之日一个月内，即不迟于10月1日，你方须将货物装船。Party B shall ship the goods within one month of the date of signing this Contract, i. e. not later than Oct 1.

include 常用 include 的相应形式：inclusive、including 和 included，来限定含当日在内的时间。例句：本证在北京议付，有效期至1月1日。This credit expires till January 1（inclusive）for negotiation in Beijing.（or：This credit expires till and including January 1 for negotiation in Beijing.）如果不包括1月1日在内，英译为 till and not including January 1。

（3）合同金额条款的翻译为避免金额数量的差漏、伪造或涂改，英译时常用以下措施严格把关。大写文字重复金额英译金额须在小写之后，在括号内用大写文字重复该金额，即使原文合同中没有大写，英译时也有必要加上大写。在大写文字前加上“SAY”，意为“大写”；在最后加上“ONLY”．意思为“整”。必须注意：小写与大写的金额数量要一致。例句：总金额为500美元整。The total amount is US ＄500（SAY FIVE HUNDRED US DOLLARS ONLY）.

正确使用货币符号英译金额必须注意区分和正确使用各种不同的货币名称符号。“＄”既可代表“美元”，又可代表其他某些地方的货币；而“£”不仅代表“英镑”，又可代表其他某些地方的货币。必须注意：当金额用数字书写时，金额数字必须紧靠货币符号，例如：Can ＄12，568，不能写成：Can ＄ 12，568。另外，翻译时还要特别注意金额中是小数点（.）还是分节号（,），因为这两个符号极易引起笔误，稍有疏忽，其后果是不堪设想的。

（二）合同翻译的策略与技巧

在全球化日益加速的今天，合同翻译成为商务合作中不可或缺的一环。合同翻译的准确性、严谨性和专业性直接关系到商务合作的顺利进行和双方权益的保障。因此，掌握合同翻译的策略与技巧对于翻译人员来说至关重要。以下将详细探讨合同翻译的策略与技巧。

1. 合同翻译的策略

(1) 了解合同背景。在翻译合同之前，首先要对合同背景进行深入了解，包括合同类型、签订双方、涉及领域等。这有助于翻译人员更好地理解合同内容，选择合适的翻译方法和词汇。

(2) 确定翻译目的。明确翻译合同的目的是什么，是为了阅读、存档还是为了法律诉讼。根据不同的翻译目的，翻译人员需要采取不同的翻译策略。

(3) 遵循法律原则。合同是法律文件，翻译合同时必须遵循法律原则，确保翻译内容准确、严谨、无歧义。在翻译过程中，要特别注意法律术语的准确性和规范性。

(4) 统一翻译风格。合同翻译需要保持统一的翻译风格，包括词汇选择、句式结构、语气语调等。这有助于增强合同的整体性和可读性。

(5) 注重细节。合同翻译中往往涉及大量细节，如数字、日期、货币单位等。翻译人员要特别注意这些细节，确保翻译的准确性。

2. 合同翻译的技巧

(1) 选择恰当的词汇。合同翻译中，选择恰当的词汇至关重要。要根据合同的内容和目的，选择准确、专业、规范的词汇。同时，要避免使用口语化、非正式或带有歧义的词汇。

(2) 运用专业术语。合同翻译中经常涉及法律、经济、贸易等领域的专业术语。翻译人员要熟悉这些术语，并准确运用到翻译中。对于不确定的术语，要查阅相关资料或咨询专业人士。

(3) 保持句式结构清晰。合同翻译中，要保持句式结构清晰、逻辑严密。要尽量避免长句和复杂句，采用简洁明了的表达方式。同时，要注意句子之间的衔接和过渡，确保翻译内容连贯、通顺。

(4) 注意语气语调。合同翻译中，语气语调的选择也非常重要。要根据合同的内容和目的，选择适当的语气语调。在表达合同内容时，要严谨、客观、准确；在表达双方权益时，要公正、平等、合理。

（5）检查与校对。完成合同翻译后，要进行仔细的检查和校对。要检查翻译内容是否准确、完整、无歧义；要检查词汇、语法、拼写等是否规范；要检查句式结构是否清晰、逻辑是否严密。对于发现的问题要及时进行修改和完善。

（6）利用翻译工具。在合同翻译过程中，可以利用翻译工具辅助翻译工作。例如，可以使用电子词典、在线翻译平台等工具快速查找专业术语和短语；可以使用语法检查工具检查语法和拼写错误；可以使用排版工具调整格式和排版等。但是，要注意不要过分依赖翻译工具，要结合自己的专业知识和经验进行翻译。

合同翻译是一项需要高度专业知识和严谨态度的工作。翻译人员要掌握合同翻译的策略与技巧，不断提高自己的翻译水平和专业素养，以确保合同翻译的准确性和严谨性。

二、商务信函与邮件的翻译

（一）商务信函的格式与风格

商务信函作为商业沟通的重要工具，其格式与风格直接影响到信息的传递效果和公司的形象。因此，掌握商务信函的正确格式与风格对于商业人士来说至关重要。以下将详细探讨商务信函的格式与风格。

1. 商务信函的格式

（1）信头（Letterhead）。信头通常位于信函的顶部，包含公司的名称、地址、电话号码、电子邮件地址和网站链接等信息。信头的设计应简洁明了，体现公司的品牌形象。

（2）日期（Date）。日期应写在信头的下方，格式为年、月、日，例如“2023 年 10 月 23 日”。日期的书写应清晰易读，避免产生歧义。

（3）收信人信息（Recipient’s Information）。在日期下方，应写明收信人的姓名、职位、公司名称和地址。如果收信人是个人，还应注明其尊称，如“尊敬的先生/女士”。

（4）称呼（Salutation）。称呼位于收信人信息下方，根据收信人的身份和关系选择合适的称呼，如“尊敬的总经理”“亲爱的客户”等。称呼应礼貌得体，体现对收信人的尊重。

（5）正文（Body）。正文是商务信函的核心部分，应简洁明了地阐述写信的目的、内容和要求。在撰写正文时，要注意逻辑清晰、条理分明，避免冗长和啰唆。同时，要根据收信人的文化背景和阅读习惯选择合适的措辞和语气。

（6）结尾（Closing）。结尾部分应简洁礼貌地表达感谢、期待回复等意愿。常用的结尾语有“此致”“敬礼”“顺祝商祺”等。结尾后应留有一定空白，以便收信人签名或盖章。

（7）签名（Signature）。在信函的右下角，应写明发信人的姓名、职位和签名。如果公司规定使用公章，还应在签名处加盖公章。签名应清晰可辨，体现发信人的诚意和责任心。

2. 商务信函的风格

（1）正式与礼貌。商务信函通常具有正式和礼貌的风格。在撰写商务信函时，应使用正式的语言和措辞，避免使用口语化、非正式或带有个人色彩的词汇。同时，要遵循礼貌原则，尊重收信人的意愿和利益，避免冒犯或冲突。

（2）清晰与简洁。商务信函应清晰简洁地表达写信的目的和内容。在撰写时，要注意段落分明、逻辑清晰、语言简练。避免使用冗长和复杂的句子结构，以免给读者带来阅读困难。

（3）专业与权威。商务信函通常涉及商业领域的专业知识和经验。在撰写时，应体现发信人的专业素养和权威地位。可以使用专业术语和行业规范来增强信函的专业性和可信度。

（4）客观与中立。商务信函应客观中立地陈述事实和观点。在表达意见和建议时，要避免带有主观色彩和偏见。同时，要尊重收信人的意见和利益，避免产生不必要的争议和冲突。

总之，商务信函的格式与风格对于商业沟通至关重要。掌握正确的格式和风格有助于提高商务信函的传递效果和公司的形象。因此，商业人士应不断学习和实践商务信函的撰写技巧和方法。

（二）商务信函的翻译策略

商务信函作为商业交流的重要载体，其翻译质量直接关系到商业合作的顺利进行和双方权益的保障。因此，掌握商务信函的翻译策略对于翻译人员来说至关重要。

1. 理解原文，把握整体

在翻译商务信函之前，首先要深入理解原文的内容和意图。这包括了解信函的背景、目的、涉及的主题和双方的关系等。只有充分理解原文，才能准确地把握翻译的方向和重点。

2. 注意格式和排版

商务信函的格式和排版是其专业性和规范性的重要体现。在翻译时，要注意保持原文的格式和排版，包括信头、日期、收信人信息、称呼、正文、结尾和签名等部分的准确对应。特别要注意日期和地址的翻译，确保按照目标语言的习惯进行翻译和排列。

3. 选用专业术语和行业规范

商务信函中常涉及大量的专业术语和行业规范，这些术语和规范在翻译时需要特别注意。翻译人员应具备丰富的专业知识和行业背景，准确理解和翻译这些术语和规范。在翻译时，可以借助专业词典和行业规范书籍，确保翻译的准确性和专业性。

4. 注意语气和措辞

商务信函的语气和措辞通常比较正式和礼貌。在翻译时，要注意保持原文的语气和措辞，避免使用过于口语化或随意的表达方式。同时，要根据目标语言的习惯和文化背景，选择恰当的语气和措辞，以确保翻译的得体性和恰当性。

5. 采用合适的翻译方法

在翻译商务信函时，可以采用多种翻译方法，如直译、意译、套译等。具体采用哪种方法，应根据原文的内容和目标语言的特点进行选择。以下是一些常用的翻译方法。

（1）直译。当原文的表达方式与目标语言的习惯相符时，可以采用直译的方法。直译能够保持原文的准确性和原汁原味，但需要注意避免产生歧义或误解。

例1：

原文：感谢您对我们公司产品的关注。

翻译：Thank you for your attention to our company's products.

例2：

原文：请注意，交货期已延期。

翻译：Please note, the delivery date has been postponed.

（2）意译。当原文的表达方式与目标语言的习惯不符时，可以采用意译的方法。意译能够更好地传达原文的意思，但需要注意保持原文的整体风格和语气。

例子：

原文：由于市场行情变化，我们不得不提高产品价格。

翻译：Due to market fluctuations, we regret to inform you that the product price has been increased.

（3）套译。商务信函中常有一些固定的套语和表达方式，这些套语在翻译时可以采用套译的方法。套译能够确保翻译的准确性和规范性，但需要注意避免过度使用或误用。

例1：

原文：请提供您的公司注册证明和营业执照复印件。

翻译：Please provide a copy of your company's registration certificate and business license.

例2：

原文：我们对您的订单高度重视，并将尽快处理。

翻译：We attach great importance to your order and will handle it as soon as possible.

6. 反复检查和校对

在完成商务信函的翻译后，需要进行反复的检查和校对。这包括检查翻译的准确性、专业性和规范性，以及检查格式和排版的正确性。通过反复检查和校对，可以确保翻译的质量和效果，避免产生不必要的误解和损失。

商务信函的翻译需要翻译人员具备丰富的专业知识和行业背景，以及良好的语言能力和翻译技巧。通过深入理解原文、注意格式和排版、选用专业术语和行业规范、注意语气和措辞、采用合适的翻译方法以及反复检查和校对等策略，可以确保商务信函翻译的准确性、专业性和规范性。

三、商务报告与提案的翻译

（一）商务报告的语言特点

商务报告作为一种专业的书面沟通工具，其语言特点主要体现在其专业性、准确性、清晰性和规范性上。以下是商务报告语言特点的详细阐述，希望对读者有所帮助。

1. 专业性

商务报告通常涉及商业、经济、金融等领域的专业知识，因此其语言特点首先体现在专业性上。这包括使用专业术语和行业规范，确保信息的准确性和专业性。例如，在报告中可能会涉及“市场份额”“利润率”“成本效益分析”等专业术语，这些术语的使用能够准确传达报告的核心内容，让读者更好地理解报告的含义。

2. 准确性

商务报告的语言要求准确无误，避免出现歧义或误解。这要求翻译人员在翻译过程中注意语言的精确性和严谨性，确保每一个词汇、每一个句子都能够准确传达原文的意思。同时，在撰写商务报告时，还需要注意数据的准确性和可靠性，确保报告中的信息都是经过严格核实和验证的。

3. 清晰性

商务报告的语言要求清晰明了，易于理解。这要求报告的语言要简洁明了，避免使用过于复杂或晦涩难懂的词汇和句子。同时，报告的结构也要清晰，按照逻辑顺序组织内容，使读者能够轻松理解报告的主旨和要点。为了实现清晰性，商务报告通常采用一些特定的写作技巧和格式，如使用标题、段落、列表等方式来划分和组织内容。

4. 规范性

商务报告的语言特点还体现在其规范性上。商务报告是一种正式的书面文件，需要遵循一定的格式和规范。这包括使用正式的语言风格、避免使用口语化或俚语化的表达方式、注意语法和拼写错误等。同时，商务报告还需要遵循一定的排版规范，如字体、字号、行距、页边距等都需要按照规定的标准进行设置。

具体来说，商务报告的语言特点可以归纳为以下几点。

（1）使用专业术语和行业规范，确保信息的准确性和专业性。商务报告通常涉及金融、市场营销、企业管理等领域的专业知识，因此会使用大量专业术语。例如：市场份额（Market Share）、营业收入（Revenue）、净利润（Net Profit）等。

（2）语言准确无误，避免出现歧义或误解。商务报告要求表述清晰、准确，以避免信息传递失误。报告中应避免使用模糊或不确定的词汇，如“大概”“可能”等。

（3）语言清晰明了，易于理解，采用简洁明了的表达方式。商务报告应尽量简洁，避免冗余。报告中的句子应结构简单，易于理解。例如，使用简洁的句子描述公司业绩：“截至2023年，我们的销售额同比增长了15%。”

（4）遵循一定的格式和规范，如字体、字号、行距、页边距等。此外，报告中的数字、数据和图表应统一采用相应的规范表示。

此外，商务报告的语言还需要注意以下几点。

（1）句子结构要多样化，避免使用过于复杂或简单的句子结构，力求生动。

（2）段落划分要合理，避免出现大段落的文字，使读者难以阅读和理解。商务报告需要有明确的结构，包括封面、目录、引言、正文、结论和附录等部分。各个部分之间应逻辑清晰，层次分明。

(3) 图表和数据的使用要恰当，能够直观地展示信息，增强报告的可读性和说服力。

商务报告的语言特点主要体现在其专业性、准确性、清晰性和规范性上。这些特点要求翻译人员在翻译过程中注意语言的精确性和严谨性，确保报告的准确性和专业性；同时，还需要注意语言的清晰性和规范性，使读者能够轻松理解报告的主旨和要点。

（二）提案翻译中的创新与说服

一个优秀的提案翻译不仅能够准确传达原文的信息，更能够通过创新的翻译策略和技巧，增强说服力，促进双方的合作。本书将从创新和说服两个角度，探讨提案翻译的策略与技巧。

1. 创新在提案翻译中的应用

(1) 词汇与句式的创新。在提案翻译中，选择合适的词汇和句式对于传达原文的精髓至关重要。翻译人员需要摆脱传统的“一对一”翻译模式，根据目标语言的习惯和表达习惯，进行词汇和句式的创新。例如，可以采用更为生动、形象的词汇，或者采用更符合目标语言习惯的句式结构，使翻译更加贴近目标读者。

(2) 文化元素的创新。提案翻译中经常涉及不同文化背景的交流和碰撞。翻译人员需要了解并尊重双方的文化差异，同时在翻译中巧妙地融入目标语言的文化元素，使翻译更加贴近目标读者的文化背景。这种文化元素的创新不仅能够增强翻译的趣味性，还能够提高读者的接受度。

(3) 技术创新的应用。随着科技的发展，翻译技术也在不断更新换代。翻译人员可以利用现代翻译技术，如机器翻译、语料库等，提高翻译效率和质量。同时，也可以利用技术手段进行翻译的创新，如采用交互式翻译平台，让读者参与到翻译过程中来，提高翻译的参与度和互动性。

2. 说服在提案翻译中的体现

(1) 逻辑严谨的说服。一个优秀的提案翻译需要具备严密的逻辑结构。翻译人员需要深入理解原文的逻辑关系，并在翻译中保持这种逻辑关系。通过合理的逻辑推理和论证，使读者对提案的内容产生认同感和信任感，从而增强提案的说服力。

（2）情感共鸣的说服。除了逻辑严谨外，情感共鸣也是提高提案说服力的重要手段。翻译人员需要在翻译中注重情感因素的传递，使读者在阅读过程中产生情感共鸣。例如，可以通过生动的描绘、感人的故事等方式，激发读者的情感反应，从而提高提案的说服力。

（3）专业权威的说服。在提案翻译中，专业权威的说服力也不容忽视。翻译人员需要具备丰富的专业知识和行业背景，对提案所涉及的内容有深入的了解和认识。通过专业的翻译和解读，使读者对提案的专业性和权威性产生信任感，从而增强提案的说服力。

提案翻译中的创新与说服是一个相互关联、相互促进的过程。翻译人员需要在深入理解原文的基础上，通过创新的翻译策略和技巧，使翻译更加生动、形象、贴近目标读者；同时，也需要注重说服力的营造，通过严密的逻辑、情感共鸣和专业权威等方式，提高提案的说服力。只有这样，才能够使提案翻译真正达到交流的目的，促进双方的合作与发展。

四、商务广告与宣传材料的翻译

（一）广告翻译的创意与吸引力

一个成功的广告翻译不仅要准确传达原文的信息，更要融入创意和吸引力，以打动目标受众的心。本书将从创意和吸引力两个方面，深入探讨广告翻译的策略与技巧。

1. 广告翻译的创意

（1）文化敏感与创意融合。在广告翻译中，文化敏感性是至关重要的一环。不同的文化背景和习俗会对广告的理解和接受产生深远影响。因此，翻译人员需要深入了解目标市场的文化背景，将原文中的创意元素与目标市场的文化特点相融合，创造出既有创新性又符合当地文化习惯的广告译文。例如，在翻译涉及幽默元素的广告时，应确保译文中的幽默元素能够被目标受众所理解，并产生预期的幽默效果。

（2）语言创新与表达多样性。广告翻译中的语言创新是提升广告创意的重要手段。翻译人员可以灵活运用各种修辞手法、句式结构和词汇选择，使译文更具表现力和感染力。同时，多样化的表达方式也能够使广告更加生动、有趣，吸引目标受众的注意力。例如，可以使用押韵、对仗等修辞手法来增强广告的音韵美；或者采用简洁明快的句式结构来突出广告的重点信息。

（3）视觉与听觉元素的创新。除了文字翻译外，广告中的视觉和听觉元素也是提升广告创意的重要组成部分。翻译人员需要与广告设计师和音频制作人员紧密合作，确保视觉和听觉元素在翻译过程中得到恰当的处理和呈现。例如，在翻译包含音乐、音效或动画的广告时，需要确保译文中的音乐和音效能够与原文相匹配，并产生相同的情感共鸣；同时，还需要注意动画的字幕翻译和配音翻译，以确保信息的准确传达和创意的完整保留。

2. 广告翻译的吸引力

（1）情感共鸣。在广告翻译中，情感共鸣是吸引目标受众的关键。翻译人员需要深入了解目标受众的情感需求和喜好，通过译文中的情感元素来触动他们的心灵。例如，在翻译涉及家庭、友情、爱情等情感主题的广告时，应强调这些情感元素在目标受众心中的重要性，并通过温馨的语言和感人的故事来激发他们的情感共鸣。原广告语：（中文）“爱，就是要在一起。”广告翻译：（英文）“Love means being together.”这里，翻译巧妙地将原广告的情感表达进行了保留，同时采用了直译的方法，使英文受众产生情感共鸣。

（2）利益驱动。除了情感共鸣外，利益驱动也是提升广告吸引力的有效手段。翻译人员需要在译文中突出产品或服务的优点和特色，以及购买或使用这些产品或服务能够带来的实际利益。通过强调这些利益点，可以激发目标受众的购买欲望和行动意愿。原广告语：（中文）“免费试用，满意再购买！”广告翻译：（英文）“Try it for FREE，satisfaction guaranteed!”这里，翻译清晰地表达了产品提供的优惠和购买保障，使英文受众明确了解产品利益，从而产生兴趣。

（3）独特卖点。在竞争激烈的市场中，独特卖点是广告吸引目标受众的重要因素。翻译人员需要在译文中突出产品或服务的独特之处，以及这些独特之处在市场上的竞争优势。通过强调这些独特卖点，可以使广告在众多同类广告中脱颖而出，吸引目标受众的关注和选择。原广告语：（中文）"一键清理，手机速度提升 200%！" 广告翻译：（英文）"One-click cleaner, boost phone speed by 200%！" 这里，翻译准确地传达了产品的独特功能和优势，使英文受众了解到该产品在手机清理领域的领先地位。

广告翻译的创意与吸引力是提升广告效果的关键。翻译人员需要深入了解目标市场的文化背景和受众需求，通过创意的翻译策略和技巧来打造具有吸引力和感染力的广告译文。同时，还需要注重情感共鸣、利益驱动和独特卖点的运用，以激发目标受众的购买欲望和行动意愿。

（二）宣传材料的翻译策略

宣传材料是企业、组织或个人向外界传递信息、推广品牌、吸引目标受众的重要工具。在全球化背景下，宣传材料的翻译显得尤为重要。

1. 理解宣传材料的目的和特点

在进行宣传材料翻译之前，首先要深入理解宣传材料的目的和特点。宣传材料提升品牌知名度和社会影响力；介绍产品特点、优势和用途，激发消费者购买欲望；推广活动、讲座、演出等，吸引参与者；传达政策、理念、观点，引导民众思想和行为等。因此，翻译时应注意宣传材料的特点：宣传材料形式多样，如海报、宣传册、广告、视频等；创意性，从而吸引目标受众的关注；简洁易懂，突出重点，避免冗长复杂；要打动人心，引起情感共鸣，使受众产生认同感；具有一定的时效性，要及时传递新鲜信息。

2. 遵循翻译原则和标准

（1）准确性。宣传材料的翻译首先要确保信息的准确性。翻译人员应深入理解原文内容，避免误解或漏译，确保译文与原文在意义上保持一致。如，原文："我国五年发展规划，为未来经济发展注入强大动力。" 译文："The five-year development plan for our country injects strong momentum into future economic growth."

（2）专业性。宣传材料通常涉及特定的行业或领域，翻译人员应具备相关的专业知识，使用正确的专业术语和表达方式，确保译文的专业性。如，原文：“5G 技术，开启万物互联的新时代。”译文：“5G technology，ushering in a new era of everything connected.”

（3）清晰性。宣传材料的翻译应清晰明了，易于理解。翻译人员应使用简洁、明了的语言，避免使用过于复杂或晦涩难懂的词汇和句式。

（4）文化适应性。在翻译过程中，应注意不同文化之间的差异，避免产生文化冲突或误解。翻译人员应了解目标受众的文化背景，使译文符合目标受众的文化习惯。如，原文：“春节联欢晚会，阖家团圆的时刻。”译文：“The Spring Festival Gala，a time for family reunion.”

3. 采用合适的翻译策略

（1）直译与意译相结合。在翻译宣传材料时，应根据具体情况采用直译或意译的方式。对于原文中的专业术语、固定搭配等，可以采用直译的方式；而对于一些表达方式较为复杂的句子或段落，可以采用意译的方式，使译文更加流畅自然。

（2）重组与改写。由于中英文在行文和表达方式上存在差异，翻译时需要对原文进行适当的重组和改写。翻译人员应根据目标受众的阅读习惯和接受程度，对原文进行必要的调整和优化，使译文更加符合目标受众的口味。

（3）使用归化策略。归化翻译策略可以使外语文本符合译语的文化价值观。在翻译宣传材料时，可以借鉴目标受众熟悉的表达方式、习惯用语等，使译文更加贴近目标受众的生活和文化背景。

（4）适度增删。在翻译过程中，有时需要对原文进行适当的增删。对于原文中冗长、重复或无关紧要的部分，可以进行适当的删减；而对于一些重要的信息或需要强调的内容，可以进行适当的增加或补充。

4. 注重细节处理

（1）格式排版。宣传材料的格式排版对于整体效果至关重要。翻译人员应注意保持原文的格式排版风格，包括字体、字号、行距、段落缩进等。

（2）图片和图表。宣传材料中通常包含图片和图表等视觉元素。翻译人员应确保这些视觉元素在翻译过程中得到妥善处理，如添加必要的说明文字或翻译注释等。

（3）校对与修改。完成初稿后，翻译人员应进行多次校对和修改，确保译文的准确性、专业性和清晰度。同时，也可以请同行或专业人士进行审阅和提出修改意见。

宣传材料的翻译需要遵循一定的原则和标准，采用合适的翻译策略，注重细节处理。只有这样，才能确保译文的准确性和专业性，同时保持宣传材料的说服力和吸引力。

五、商务演讲与谈判的翻译

（一）演讲与谈判的语言技巧

在日常生活和职业生涯中，演讲与谈判是两项至关重要的技能。无论是公开演讲以传递信息、激发热情，还是在商业谈判中争取利益、建立合作关系，语言技巧都起着决定性的作用。以下将详细探讨演讲与谈判中的语言技巧，以帮助我们更有效地进行交流和沟通。

1. 演讲的语言技巧

（1）清晰明了。演讲的首要任务是确保信息能够准确、清晰地传达给听众。因此，使用简单、直接的语言，避免复杂的词汇和句子结构，是演讲中的关键技巧。同时，要注意语速和语调，保持适当的节奏和停顿，以便听众能够跟上你的思路。

（2）引人入胜。为了吸引听众的注意力并激发他们的兴趣，演讲者需要运用引人入胜的开场白和引人入胜的内容。可以通过讲述一个引人入胜的故事、提出一个引人入胜的问题或展示一个引人入胜的视觉效果来实现。此外，运用修辞手法，如比喻、拟人、排比等，可以增强语言的表现力，使演讲更具吸引力。

（3）情感共鸣。演讲不仅是传递信息的过程，更是与听众建立情感联系的过程。因此，演讲者需要运用情感共鸣的技巧，通过讲述自己的经历、分享他人的故事或表达共同的情感来拉近与听众的距离。语言表达上富有感染，运用有力的语言和语调，激发听众的情感。

（4）逻辑严谨。在演讲中，信息的组织和呈现需要遵循逻辑严谨的原则。演讲者应该明确演讲的主题和目的，合理安排内容的顺序和层次，确保信息的连贯性和一致性。此外，要提供充分的论据支持你的观点，确保论述具有说服力并应避免出现逻辑谬误，如非黑即白、人身攻击等，以确保论述的客观性和公正性。

（5）互动参与。演讲不仅是演讲者一个人的事情，更是与听众互动的过程。演讲者应该积极鼓励听众参与讨论、提问或分享观点，以增强演讲的互动性和参与感。

2. 谈判的语言技巧

（1）倾听与理解。在谈判中，倾听是至关重要的语言技巧。通过认真倾听对方的观点和诉求，我们能够更好地理解对方的立场和需求，从而更有针对性地进行回应和沟通。同时，倾听也是建立信任和尊重的重要方式。

案例：

场景：甲乙双方就一项合作项目进行谈判。

甲：（激动地）你们的产品价格实在是太高了，我们需要降低成本。

乙：（微笑）我明白您的担忧，请问您希望在价格上达到一个怎样的平衡点呢？

分析：乙在回应甲时，首先表达了倾听的理解，即甲方的担忧在于产品价格过高，希望通过谈判降低成本。乙方的回应既表现出关心，又为后续谈判设定了一个平等的交流基调。

（2）提问与澄清。在谈判中，提问和澄清是获取信息和明确立场的重要手段。通过提出有针对性的问题或要求对方澄清某些模糊点，我们可以更好地掌握谈判的主动权，并推动谈判向有利于自己的方向发展。

案例：

场景：甲乙双方就一份合同条款进行谈判。

甲：这份合同中有一条关于赔偿责任的条款，我不太明白。请问您能解释一下吗？

乙：当然可以，此条款是为了确保双方在项目执行过程中出现的潜在损失能得到合理分担。请问您具体关心哪方面的内容?

分析：乙在回应甲时，通过提问的方式了解甲方的疑虑，进而对合同条款进行澄清。这种沟通方式有助于双方在明确问题的基础上，进一步达成共识。

(3) 委婉表达。在谈判中，委婉表达是一种有效的沟通技巧。通过避免直接冲突或指责对方，我们可以降低对方的抵触情绪，增加谈判的友好氛围。同时，委婉表达也有助于我们更好地表达自己的立场和需求，从而更容易获得对方的认同和支持。

案例：

场景：甲乙双方就一项业务的转让进行谈判。

甲：我们对贵公司的业务很有兴趣，但觉得贵公司在某些方面的运营成本较高，我们希望能在收购后进行一定的调整。

乙：(微笑) 感谢您的关注，我们明白您的担忧。关于成本问题，我们可以尝试在收购后共同探讨优化方案，以确保双方利益。

分析：乙在回应甲时，乙方采用委婉的表达方式，传达了对对方担忧的关注，并提出了合作解决问题的方案。这种表达方式有利于维护双方的面子，为后续谈判创造和谐的氛围。

(4) 灵活应变。在谈判中，情况可能会随时发生变化。因此，我们需要具备灵活应变的语言技巧，能够根据不同的情境和对方的反应及时调整自己的表达方式和策略。这包括改变话题、调整语气、提出新的建议等。

案例：

场景：甲乙双方就一项技术合作进行谈判。

甲：由于近期市场环境变化，我们希望能推迟合作项目的启动时间。

乙：了解您的需求，我们可以重新评估项目时间表。另外，为了让项目在启动时更具竞争力，我们建议在技术研发方面进行一些调整。

分析：乙方在面临甲方的变更要求时，灵活应变，尊重对方的需求，并提出建设性的建议。这种应变能力有助于双方在调整中达成新的共识。

(5) 达成共识。谈判的最终目的是达成双方都能接受的协议。因此，在谈判过程中，我们需要运用达成共识的语言技巧，通过寻找共同点、强调共同利益或提出妥协方案等方式来推动谈判的进展并最终达成协议。

案例：

场景：甲乙双方就一项房产收购进行谈判。

甲：我们希望能在收购价格上达成一致，以便双方都能获得满意的收益。

乙：我们也希望能与您达成共识。在此基础上，请问您是否能接受一个稍低于市场价格的收购价？

分析：甲乙双方在谈判中不断寻求共同点，通过友好协商，最终达成共识。这种谈判方式有利于实现双方利益最大化，同时维护了双方的关系。

（二）演讲与谈判的口译策略

演讲与谈判的口译策略在实际应用中具有重要意义，这主要体现在以下几个方面。

1. 信息传递的准确性

演讲和谈判中的口译需要确保信息的准确传递，避免因为语言障碍而导致误解和沟通不畅。准确的口译有助于双方更好地理解彼此，从而达到预期的工作效果和目标。

2. 表达方式的适应性

在不同场合和语境下，演讲和谈判的需求和目的可能有所不同。口译人员需要灵活调整表达方式，以便于受众理解和接受。这包括语气、词汇、表达方式等方面的调整。

3. 文化差异的考虑

演讲和谈判中，不同国家和地区之间的文化差异也需要引起口译人员的关注。口译人员需要了解并尊重各方文化习惯，避免在翻译过程中出现文化冲突或误解。

4. 情感管理的技巧

演讲和谈判中，情感管理是关键。口译人员需要具备较强的情感管理能力，将发言者的情感和态度准确地传达给听众，同时适度调整表达方式，以达到更好的沟通效果。

5. 策略性的思考

在谈判口译中，口译人员需要具备策略性的思考能力，了解双方的诉求和利益，协助双方达成共识。在演讲口译中，口译人员需要确保演讲者的话语能够引起听众的兴趣，同时掩盖演讲者的语言瑕疵，使其更具说服力。

6. 临场应对的能力

演讲和谈判往往具有很强的实时性，口译人员需要具备临场应对的能力，快速调整翻译策略，应对各种突发情况。

总之，演讲与谈判的口译策略在实际应用中具有重要意义。掌握这些策略有助于口译人员更好地完成工作任务，提高沟通效果，促进各方之间的理解和合作。在此基础上，口译人员还需要不断学习和实践，提高自己的综合素质和能力。

因此，基于上述重要性，本章节详细阐述了口译策略，并将其分为前、中、后三个部分。

1. 口译前的准备策略

（1）深入了解背景资料。在进行口译前，对相关背景资料的了解至关重要。这可以帮助译员对演讲或谈判的主题、参与者、目的和可能的议题有更深入的了解。例如，在准备一场关于人工智能技术的演讲口译时，译员需要深入了解人工智能的发展历程、应用领域、技术优势和挑战等方面的内容。这样在实际口译过程中，译员能够准确地理解和传达演讲者的观点。此外，也应熟悉发言人的背景口音和发言习惯，以便更好地理解和传达其意图。

（2）制定词汇表。制定词汇表是口译准备的关键环节。词汇表应包含与演讲或谈判主题相关的新词、专业术语以及常用短语。在制定词汇表时，要注意以下几点。

①列出与主题相关的关键词，如人名、地名、组织名等。

②收集并整理专业术语，确保译员对相关专业概念有清晰的认识。

③分类整理常用短语，如开场白、结束语、感谢词等。

④学习和熟悉词汇的拼音、发音及缩写形式，以便在实际口译中快速准确地传达信息。

例如，在准备一场关于环保政策的演讲口译时，译员需要制定一个包含环保相关政策、生态环保术语和与之相关的短语的词汇表。这将有助于译员在口译过程中更加准确地传达演讲者的观点和立场。

（3）模拟口译练习。模拟口译练习是提高口译能力的重要途径。通过大量的练习，译员可以熟悉演讲和谈判的节奏，提高临场应变能力。例如，在准备一场关于科技产业的投资谈判口译时，译员可以寻找类似的谈判案例进行模拟练习，从而提高自己在实际谈判口译中的表现。建议如下。

①找到与真实场景相近的练习材料，如演讲稿、谈判记录等。

②模拟实际口译过程，练习听力、理解和表达。

③针对不同主题和场景进行练习，提高自己的领域知识。

④及时总结经验教训，调整口译策略。

⑤参加培训班或寻求专业指导，提升口译水平。

2. 口译过程中的策略

（1）听力理解。听力理解是口译的基础。口译员需要保持高度的注意力集中，认真倾听发言人的讲话内容，充分关注发言者的言辞内容、语气、节奏和语音特点，以便准确地捕捉信息。此外，口译员还需具备迅速筛选关键信息的能力，抓住演讲或谈判中的重点。对于不熟悉的词汇或表达方式，通过上下文推测其含义，避免误解或漏译。例如，在一场关于国际贸易的演讲中，口译员需要密切关注发言者提到的关键数据、政策变化和市场趋势，以便在翻译时准确无误地传达这些信息。

（2）信息传达。清晰、准确地传达信息是口译员的核心职责。为确保信息传递到位，口译员需要注意以下几点。

①语言表达。使用恰当的语言风格和词汇，使翻译后的文本易于理解。

②语速和语调。根据发言者的语速和语调进行调整，使翻译更加自然。

③语句连贯。确保翻译后的文本结构清晰，逻辑连贯。

例如，在一场科技领域的演讲中，口译员需要将发言者关于技术创新、市场竞争和未来发展前景的观点简洁明了地传达给听众。

（3）灵活应对。口译员在演讲和谈判中会遇到各种突发情况，如发言者的即兴发挥、口头禅或口音等。这时，口译员需要具备灵活应对的能力，妥善处理这些情况。在口译过程中，遇到不确定或不清楚的内容时，及时向发言人或听众询问，以确保信息的准确性。对于突发情况或意外事件，保持冷静并灵活应对，及时调整口译策略，确保口译的顺利进行。

例如，在笔者从事的翻译工作中，曾遇到领导致辞的开端为“金秋八月，丹桂飘香”，“有朋自远方来，不亦乐乎”等句子。面对我们生活中很少使用或富含中国文化的典故翻译时，如何快速根据目的语的表达习惯来做出词句的调整显得十分重要。又如，笔者曾在一次晚宴中要求向英国来宾讲解鹌鹑汤营养丰富，美味可口。但作为口译员此时不能现去查字典翻看鹌鹑的词汇，因此在翻译时灵活应对，将其翻译为一种类似于 chicken soup 的高汤。

（4）文化适应性。口译员需具备较强的文化敏感度，理解和适应不同文化背景下的沟通方式，以确保翻译内容的恰当和自然。在一场涉及跨文化交流的谈判中，口译员需要充分了解双方文化背景，准确地传达各自发言者的观点，同时化解可能出现的沟通障碍。

例如，笔者曾在校级合作交流会议中翻译中方院校的介绍：“我校占地面积 2000 多亩”，但实际在西方文化中对于面积的描述主要为公顷或平方米/千米。因此在翻译过程中，为了方便外方院长对学校面积的了解，可适当根据面积转换公式将其用 acre 来进行描述。

（5）技巧运用。口译员需要熟练掌握多种口译技巧，以提高翻译质量和效果。此外，在口译过程中，注意语速、语调和语气的控制，使译文更具说服力和感染力。例如，在一场文艺晚会上，口译员需要运用意译和归化等技巧，将发言者关于作品内涵和艺术特色的描述生动地传达给听众。可采取的口译技巧包括但不限于。

①顺句驱动。按照原文的句子结构进行翻译，使翻译文本更具表现力。

②意译。在确保信息准确传达的前提下，对原文进行适当的意译，使文本更符合目标语的表达习惯。

③归化。将原文中的比喻、幽默等修辞手法进行归化处理，使翻译后的文本通俗易懂。

3. 口译后的总结与反思

对于一名合格的口译员而言，若想取得进一步的发展和进步，口译活动结束后的总结与反思显得尤为重要。

（1）总结经验。根据口译活动中的表现，结合前两个阶段的任务，口译员可以从以下几个方面进行总结，记录口译过程中的优点和不足并针对不足之处，制定改进措施和计划，以提高口译质量和效率。

①充分准备。在承担口译任务之前，了解演讲或谈判的主题、参与者背景、行业特点等，为口译做好充分的准备。例如，了解相关领域的专业术语和惯用表达。

②捕捉关键信息。在演讲或谈判过程中，注意捕捉关键信息，如数字、重要观点、疑问等，确保准确传达。

③灵活应对。根据演讲者和谈判者的语气、节奏、口音等，灵活调整口译速度和方式，使听众更容易理解。

④控制语气和情感。演讲和谈判中，语气和情感的把握十分重要。口译员应学会根据原语和目标语的语言特点，准确传达语气和情感。

⑤文化适应。了解不同文化背景下的语言习惯和表达方式，避免在口译过程中出现文化冲突。

（2）反思提高。自我评估：口译结束后，对自己的表现进行自我评估，找出不足之处，以便下一次做得更好。

①听众反馈。倾听听众的反馈，了解自己在口译过程中的问题，如表达不清、遗漏关键信息等。

②学习借鉴。观摩其他优秀口译员的翻译风格和技巧，学习他们的长处，提高自己的口译水平。

③专业素养。不断提高自己的专业素养，关注行业动态，积累各领域知识，拓宽自己的知识体系。

④跨学科训练。除了语言学习外，还要关注跨学科的训练，如心理学、沟通技巧等，以提高口译效果。

综上所述，演讲与谈判的口译策略需要我们在口译前做好充分的准备，在口译过程中保持高度的注意力和应变能力，并运用适当的口译技巧来确保信息的准确传递和交流的成功。同时，我们还需要在口译后不断总结经验教训并反思提高，以不断提高自己的口译水平和综合素质。

第九章

翻译技术与跨文化商务翻译

一、翻译辅助软件在跨文化商务翻译中的应用

（一）翻译软件的功能与选择

无论是文档翻译、实时语音翻译，还是拍照翻译等，翻译软件都能提供快速、准确的翻译服务。本书将详细介绍翻译软件的主要功能，并给出选择翻译软件的一些建议。

1. 翻译软件的主要功能

（1）文本翻译。文本翻译是翻译软件的重要功能之一。用户可以将一种语言的中英文文件转换为另一种语言，以实现信息在多种语言间的准确传递。例如，网易有道词典、讯飞翻译等翻译软件支持多种语言间的文档翻译，能够处理大量文本内容，提高翻译效率。

（2）对话翻译。翻译软件还支持多种语言间的对话翻译，如中文、英语、日语等。这种翻译能实现听得清、懂口语与语义、地道播报，使沟通无障碍。例如，Google Translate 等翻译软件提供实时语音翻译功能，用户可以直接通过语音输入进行翻译。

（3）拍照翻译。拍照翻译是一种方便实用的翻译方式，允许用户通过拍照来查词或翻译。这种方式不受网络限制，适用于英、日、韩等多国语言翻译需求。拍照翻译软件如《拍照翻译》等，支持快速识别图片中的文字并进行翻译。

（4）词典功能。翻译软件通常还包含词典功能，提供丰富的词汇和例句，帮助用户理解单词的用法和含义。如海词词典、网易有道词典等，不仅涵盖初中至四六级、考研出国等多种词汇，还持续扩容，涵盖行业、生僻、新词热词等。

（5）学习功能。一些翻译软件还具备学习功能，如“每日一句”“每日英语”等，提供每天更新的学习材料，旨在帮助用户拓展和巩固单词知识。这些软件适用于桌面环境，以便用户及时更新和复习学习内容。

（6）写作辅助。部分翻译软件还提供了写作辅助功能，可以对用户输入

的文本进行语法和标点错误的检查与修复。这对于提高写作质量、消除语言表达错误具有重要意义。

（7）术语库和专业领域。针对不同领域的专业术语，翻译软件会提供相应的术语库，以确保翻译的准确性。部分软件还支持自定义术语库，以便用户根据自己的需求进行翻译。

（8）同步更新和多设备兼容。为了满足用户在不同设备上的使用需求，许多翻译软件提供了云端同步功能，让用户可以在不同设备上轻松获取最新的翻译结果。

（9）离线翻译。部分翻译软件支持离线翻译，即在无网络连接的情况下进行语言之间的转换。这对于在没有网络的环境下仍需要进行跨语言沟通的用户来说十分便利。

2. 选择翻译软件的建议

（1）多语言支持。根据自己的需求选择支持目标语言的软件。例如，中文、英文、日文、法文、西班牙文等常见语言应至少有所涵盖。一些软件如Google Translate、网易有道词典等支持超过100种语言的互译，能够满足不同语言对翻译的需求。

（2）翻译质量。翻译软件的翻译质量是选择的重要标准。较好的翻译软件应具备先进的自然语言处理技术和高度训练的神经网络模型，能够保证译文的准确性、流畅性和自然度。可以通过试用软件或查看用户评价来了解软件的翻译准确性和流畅性。

（3）易用性。用户界面和体验：用户界面直观、操作简便的翻译软件更能满足用户需求。此外，较好的翻译软件还应提供用户反馈和问题解决渠道，以确保用户在使用过程中能够得到及时的支持。

（4）附加功能。除了基本的翻译功能外，一些软件还提供其他附加功能，如语音识别、OCR文字识别等。可以根据自己的需求来评估是否需要这些附加功能。此外，翻译软件应具备良好的兼容性，支持在不同平台和设备上使用，如Windows、macOS、iOS、Android等。此外，若能与常见的办公和文本处理软件（如Word、Excel、PowerPoint等）集成，将更加实用。

（5）定制化功能。一些翻译软件支持用户的个性化设置，如自定义快捷键、翻译记忆库等。这些定制化功能可以提高工作效率，减少翻译的重复劳动。根据个人或企业需求，选择合适的定价和许可证类型。免费版、试用版和付费版翻译软件均有利弊，需根据实际需求进行权衡。

(6) 更新和维护。翻译软件需要不断更新以适应新的语言环境和翻译需求。因此，选择拥有专业团队进行维护和更新的翻译软件是明智之举。优秀的翻译软件应提供详细的技术支持和售后服务，确保用户在使用过程中能够得到必要的帮助。

(7) 数据安全和隐私保护。翻译软件需处理用户输入的敏感信息，因此数据安全和隐私保护至关重要。选择具备良好数据安全措施和隐私政策的翻译软件，以确保用户信息不受泄露。

翻译软件在全球化交流中发挥着重要作用。通过了解翻译软件的主要功能和选择标准，我们可以选择适合自己需求的翻译软件，提高翻译效率和质量。

（二）翻译软件在商务翻译中的优势与挑战

翻译软件作为现代科技的产物，为商务翻译带来了前所未有的便利和效率提升。然而，翻译软件在商务翻译中的应用也面临着一些挑战。本书将从优势与挑战两个方面，深入探讨翻译软件在商务翻译中的应用。

1. 翻译软件在商务翻译中的优势

(1) 高效性与即时性。翻译软件利用先进的人工智能和自然语言处理技术，能够实现文本或口语的快速翻译。与传统的人工翻译相比，翻译软件大大提高了翻译的效率和即时性。在商务会议、商务谈判等场景中，翻译软件能够即时将对话内容翻译成所需语言，确保信息的快速传递和准确理解。

(2) 跨语言沟通无障碍。翻译软件支持多种语言的翻译，打破了语言沟通的障碍。在商务翻译中，涉及的语言种类非常多样，翻译软件能够满足不同语种之间的翻译需求。这使得企业在与国际合作伙伴交流时，无须担心语言差异带来的沟通难题，有助于企业更好地拓展国际市场。

(3) 降低翻译成本。相较于传统的人工翻译，翻译软件的成本更低。对于中小型企业来说，翻译费用往往是一笔不小的开支。而翻译软件的出现，使得企业在进行国际贸易时能够节省翻译成本，提高竞争力。

（4）提高翻译准确性和专业性。翻译软件通过技术手段能够实现更准确、更专业的翻译。它们不仅能够提供基本的语言翻译功能，还能够实现多语种的互译、语境理解和语言质量的提升。这避免了由于语言翻译不当而引发的误解或纠纷，有利于贸易双方的合作和信任建立。

2. 翻译软件在商务翻译中的挑战

（1）文化和语言差异。尽管翻译软件在技术上取得了很大进步，但文化和语言差异仍然是商务翻译中的一个难题。由于不同国家和地区的文化背景、语言表达习惯存在差异，翻译软件在处理某些特定表达或行业术语时可能无法完全准确理解或翻译。这可能导致翻译结果出现偏差或误解。

（2）专业术语和行业知识。商务翻译中涉及大量的专业术语和行业知识，这对翻译软件的准确性和专业性提出了更高的要求。然而，目前市场上的翻译软件在处理专业术语和行业知识方面仍存在一定的局限性。这可能导致翻译结果不够准确或无法完全满足商务翻译的需求。

（3）信息安全和隐私问题。在商务翻译中，涉及的信息往往具有较高的商业价值。因此，信息安全和隐私问题是使用翻译软件时需要注意的重要问题。企业需要选择可靠的翻译软件提供商，并采取必要的安全措施来保护其商业信息的安全。

翻译软件在商务翻译中具有高效性、即时性、跨语言沟通无障碍、降低翻译成本和提高翻译准确性和专业性等优势。然而，文化和语言差异、专业术语和行业知识以及信息安全和隐私问题等挑战也需要我们予以重视。未来，随着技术的不断进步和应用场景的不断拓展，翻译软件在商务翻译中的应用将会更加广泛和深入。

二、术语管理工具与术语库建设

（一）术语库的重要性与建设方法

无论是科技、医学、法律还是商务领域，术语库的建设都显得至关重要。

1. 术语库的重要性

（1）提高翻译准确性。术语库是翻译过程中不可或缺的工具。它包含了特定领域内的专业词汇和表达方式，为翻译人员提供了准确的参考。在翻译过程中，翻译人员可以通过查询术语库，快速找到正确的专业术语，避免误译或歧义，从而提高翻译的准确性和专业性。

（2）促进知识共享与交流。术语库的建设有助于促进专业知识的共享与交流。通过收集和整理特定领域内的专业词汇和表达方式，术语库可以为行业内的专家学者、研究人员以及从业者提供便捷的参考资源。这有助于推动行业知识的传播和应用，促进专业领域的发展。

（3）提高工作效率。术语库的建设还可以提高工作效率。在翻译、编辑、校对等工作过程中，工作人员可以通过查询术语库，快速找到所需的专业词汇和表达方式，减少查找和确认词汇的时间。同时，术语库还可以实现术语的自动替换和更新，进一步提高工作效率。

（4）维护品牌一致性。对于跨国企业来说，术语库的建设还有助于维护品牌一致性。通过建立统一的术语库，企业可以确保在不同国家和地区的宣传、营销、产品说明等文本中使用相同的术语和表达方式，从而增强品牌的辨识度和影响力。

2. 术语库的建设方法

（1）明确术语范围与分类。在建设术语库之前，需要明确术语的范围和分类。这有助于确保术语库的针对性和实用性。术语范围可以根据专业领域、行业特点、产品类型等因素进行划分；术语分类则可以根据词汇的性质、用途、来源等因素进行划分。

（2）收集与整理术语。在明确术语范围与分类后，需要开始收集和整理术语。这可以通过查阅专业书籍、期刊、网站等渠道进行。在收集过程中，需要注意术语的准确性和规范性；在整理过程中，则需要根据分类标准对术语进行分类整理。

（3）建立术语数据库。将收集和整理的术语建立数据库是术语库建设的关键步骤。这可以通过使用专业的术语库软件或数据库管理系统进行。在建立数据库时，需要确保数据库的可检索性、可更新性和可维护性；同时还需要设置合适的权限管理，确保数据的安全性和保密性。

（4）审核与更新术语。术语库的建设不是一次性的工作，需要定期进行审核和更新。这可以通过邀请专家学者、行业专家等进行审核和反馈，确保术语的准确性和专业性；同时还需要根据专业领域的发展和变化，及时更新术语库中的词汇和表达方式。

（5）推广与应用术语库。建设好的术语库需要得到广泛的应用和推广。这可以通过将术语库嵌入到翻译软件、编辑软件等中，使其能够方便快捷地被用户使用；同时还可以通过宣传和推广活动，提高用户对术语库的认知度和使用率。

术语库作为专业领域内词汇和表达的集合，在翻译、知识共享与交流、提高工作效率以及维护品牌一致性等方面都具有重要作用。通过明确术语范围与分类、收集与整理术语、建立术语数据库、审核与更新术语以及推广与应用术语库等步骤，可以建设出高质量、实用性强的术语库，为专业领域的发展提供有力支持。

（二）术语管理工具的使用技巧

在当今高度专业化的工作环境中，术语管理工具的使用对于确保信息的一致性、准确性和高效性至关重要。术语管理工具不仅可以帮助用户集中存储和管理术语，还能提供翻译记忆、术语搜索、术语分享等多种功能。

1. 明确术语分类与标签

（1）分类的重要性。将术语按照专业领域、项目需求等进行分类，有助于用户快速定位到所需的术语。

（2）标签的使用。为每个术语添加合适的标签，可以进一步细化分类，提高术语检索的效率。同时，标签也支持批量添加，方便用户快速整理术语库。

2. 术语导入与导出

（1）支持的文件格式。了解术语管理工具支持的文件格式，如 CSV、XLS、TBX 等，有助于用户将术语数据从其他工具或系统中导入或导出。

（2）数据转换。一些术语管理工具支持数据格式的自动转换，如 Déjà

Vu、SDL MultiTerm Desktop 等，用户可以根据需要选择合适的工具进行数据转换。

3. 术语搜索与筛选

（1）高级搜索。利用术语管理工具提供的高级搜索功能，如模糊搜索、全文搜索等，可以快速找到相关的术语。

（2）搜索结果的筛选。根据搜索结果的相关性、使用频率等指标，对搜索结果进行筛选，以便更快地找到所需的术语。

4. 术语编辑与审核

（1）术语的编辑。在术语管理工具中，用户可以轻松地对术语进行编辑，包括修改术语定义、添加或删除标签等。

（2）术语的审核。为了确保术语的准确性和专业性，可以邀请行业专家或团队成员对术语进行审核。一些术语管理工具支持多人协作和版本控制功能，方便团队成员共同编辑和审核术语。

5. 术语分享与协作

（1）公开分享。将术语标签或术语库公开分享给其他人或团队，有助于知识的共享和交流。

（2）私密分享。如果需要保护术语的隐私性，可以选择私密分享并设置提取码，确保只有获得授权的人才能访问。

（3）协作编辑。一些术语管理工具支持多人同时编辑术语库，提高了团队协作的效率。

6. 术语库的备份与恢复

（1）定期备份。为了避免数据丢失或损坏，建议用户定期备份术语库。

（2）恢复功能。在数据丢失或损坏时，利用术语管理工具的恢复功能可以快速恢复数据。

7. 自定义设置与个性化

（1）界面定制。根据个人喜好和工作习惯，调整术语管理工具的界面布局和颜色等设置。

（2）快捷键设置。为常用的操作设置快捷键，可以进一步提高工作效率。

术语管理工具是专业领域中不可或缺的工具之一。通过掌握上述使用技巧，用户可以更好地利用这些工具进行术语管理，提高工作效率和准确性。同时，不断学习和探索新的功能和技巧也是保持竞争力的关键。

三、机器翻译与人工翻译的结合

（一）机器翻译技术的发展与现状

机器翻译（Machine Translation，MT）技术，作为人工智能领域的重要分支，自诞生以来便不断推动着跨语言交流的进步。随着计算机技术的飞速发展，特别是深度学习、神经网络等技术的突破，机器翻译技术也迎来了崭新的发展机遇。

1. 机器翻译技术的发展历程

机器翻译技术的发展大致可分为以下几个阶段。

（1）规则翻译阶段（20 世纪四五十年代）。早期的机器翻译系统还非常初级，翻译结果准确性不高，且只能处理简单的句子和特定领域的文本，且主要依赖于语言学家的规则制定，通过词典匹配和语言学规则进行翻译。然而，这种方法在处理复杂语言结构和语境时显得力不从心。

（2）统计机器翻译阶段（20 世纪 90 年代至 21 世纪初）。随着计算机技术的不断进步，基于语料库的统计机器翻译方法逐渐兴起。研究者开始利用统计方法自动学习翻译规则。通过对大规模的双语平行语料进行统计分析，推断出不同的翻译概率和语言模型，在翻译时根据这些概率信息选择最佳的翻译结果。这种方法通过大量语料库的学习，自动提取翻译规则和知识，提高了翻译的准确性和流畅性。

（3）神经机器翻译阶段（2010 年至今）。自 2013 年以来，随着深度学习在图像处理、语音识别等领域取得重大进展，基于人工神经网络的机器翻译也开始兴起。神经机器翻译（Neural Machine Translation，NMT）通过神经网络模型学习源语言到目标语言的映射关系，采用端到端的学习方式，将源语言句子直接映射到目标语言句子。实现了更高质量的翻译。神经机器翻译能够捕捉更复杂、更长距离的依赖关系，在翻译质量上通常比传统的统计机器翻译方法更好，生成的翻译结果更加自然、流畅。并且在硬件加速的支持下，其翻译速度也得到了提高。但该方法也对大规模平行语料有较高需求，训练时间长，对未知词的处理不够灵活等。

2. 机器翻译技术的现状

（1）市场规模持续增长。随着全球化进程的加快和跨国交流的增多，机器翻译市场需求不断增长。据市场研究公司数据显示，全球机器翻译市场规模从 2017 年的 X 亿美元增长到 2020 年的 Y 亿美元，年复合增长率达到 Z%。预计未来几年机器翻译市场将继续保持稳定增长。

（2）技术水平不断提高。随着深度学习、神经网络等技术的不断进步，机器翻译质量得到了显著提升。特别是在处理复杂语言结构和语境时，神经机器翻译表现出更好的性能。同时，混合翻译模式（Hybrid Translation）结合了统计机器翻译和神经机器翻译的优势，进一步提高了翻译质量。

（3）应用场景不断拓展。除了传统的文本翻译外，机器翻译正逐步向语音翻译、图像翻译等领域拓展。特别是随着智能手机和智能音箱的普及，语音翻译需求逐渐增长。此外，机器翻译还在教育、医疗、法律等专业领域得到广泛应用。

（4）挑战与问题。尽管机器翻译技术取得了显著进展，但仍面临一些挑战和问题。例如，在语境理解方面存在一定的困难；每个语言和文化都有其独特的表达方式和习惯用语，机器翻译难以完全理解并准确翻译这些文化差异；同时，如何确保机器翻译系统的安全性和用户隐私保护也是一个重要的挑战。

（二）机器翻译在商务翻译中的应用与限制

在全球经济一体化的背景下，商务翻译成为企业跨国交流不可或缺的一部分。随着技术的不断进步，机器翻译作为一种快速、高效的翻译方式，在商务翻译中得到了广泛应用。然而，尽管机器翻译带来了诸多便利，但其在商务翻译中也存在诸多限制。

1. 机器翻译在商务翻译中的应用

（1）快速处理大量文本。在商务活动中，经常需要处理大量的文本，如合同、报告、邮件等。机器翻译能够快速处理这些文本，提供初步的翻译结果，为人工翻译提供重要参考。这大大提高了翻译效率，缩短了翻译周期，为企业赢得了宝贵的时间。

（2）辅助人工翻译。机器翻译可以作为人工翻译的辅助工具，减轻翻译人员的工作负担。通过机器翻译提供的初步翻译结果，翻译人员可以快速了解文本的大意，然后有针对性地进行修改和完善。这不仅可以提高翻译质量，还可以降低翻译成本。

（3）实现即时翻译。在商务谈判、会议等实时交流场景中，机器翻译可以实现即时翻译，将发言人的语言实时翻译成对方的母语。这有助于消除语言障碍，促进双方的有效沟通。同时，即时翻译也可以提高会议效率，节省时间成本。

2. 机器翻译在商务翻译中的限制

（1）语境理解能力有限。商务文本通常涉及复杂的语境和语境依赖的词汇。机器翻译在理解这些语境方面仍然存在困难，导致翻译结果可能出现偏差或误解。特别是在处理合同、法律文件等需要高度精确性的文本时，机器翻译的准确性往往无法满足要求。

（2）文化差异处理不足。商务翻译不仅需要准确传达文本信息，还需要考虑到不同国家和地区的文化差异。然而，机器翻译在处理文化差异方面仍然存在不足。它可能无法准确理解某些具有特定文化含义的词汇或表达方式，导致翻译结果出现文化误解或冲突。

（3）特定领域专业知识缺乏。商务文本通常涉及多个领域的专业知识，如金融、法律、技术等。机器翻译在缺乏这些领域专业知识的情况下，可能无法准确翻译相关术语和表达方式。这可能导致翻译结果出现错误或误导，影响商务交流的效果。

（4）无法处理复杂句型和语法结构。商务文本中经常出现复杂句型和语法结构，这些结构在机器翻译中往往难以处理。机器翻译可能无法准确识别这些结构的含义和逻辑关系，导致翻译结果出现混乱或错误。因此，在处理这些文本时，仍需要人工翻译进行干预和修正。

四、翻译质量与效率的提升

（一）翻译质量评估标准

翻译质量评估是确保翻译作品准确性和专业性的重要环节。在全球化日益加深的今天，翻译作为跨文化交流的桥梁，其质量直接关系到信息传递的效率和准确性。因此，建立一套科学合理的翻译质量评估标准对于提升翻译行业的整体水平具有重要意义。

1. 准确性

准确性是翻译质量评估的首要标准。翻译作品必须忠实于原文，准确传达原文的意思，不出现误译、漏译、增译等现象。在评估翻译准确性时，可以关注以下几个方面。

（1）词汇准确性。翻译作品应使用准确、恰当的词汇，避免使用生僻词或错别字。同时，应注意专业术语的准确性，确保译文与原文在专业领域的用词保持一致。

（2）语法准确性。翻译作品应遵循目标语言的语法规则，避免出现语法错误或结构混乱的情况。

（3）信息完整性。翻译作品应完整传达原文的信息，不遗漏任何重要内容。同时，应注意信息的逻辑性和连贯性，确保译文在整体上与原文保持一致。

2. 流畅性

流畅性是翻译质量评估的重要标准之一。翻译作品应具有通顺、自然的语言表达，使读者在阅读过程中感受到舒适的阅读体验。在评估翻译流畅性时，可以关注以下几个方面。

（1）句子结构。翻译作品应使用符合目标语言习惯的句子结构，避免生硬的直译或翻译腔。同时，应注意句子的长度和复杂度，避免过长或过复杂的句子影响阅读体验。

（2）语言表达。翻译作品应使用地道、自然的语言表达，避免使用过于生硬或晦涩的词汇和句式。同时，应注意语言的简洁性和清晰度，确保读者能够轻松理解译文的内容。

（3）逻辑连贯性。翻译作品应保持原文的逻辑连贯性，确保译文在整体上与原文保持一致。同时，应注意段落之间的衔接和过渡，使读者能够顺畅地理解文本内容。

3. 专业性

专业性是翻译质量评估的重要标准之一。在商务、法律、医学等专业领域，翻译作品必须具备高度的专业性，确保术语准确、表达恰当。在评估翻译专业性时，可以关注以下几个方面。

（1）专业术语的准确性。翻译作品应准确使用专业领域内的术语，确保译文在专业领域的用词与原文保持一致。

（2）专业知识的正确性。翻译作品应正确传达原文中的专业知识，避免出现错误或误导性的信息。

（3）行业标准的遵循。翻译作品应遵循行业标准和规范，确保译文在格式、排版等方面符合行业要求。

4. 文化适应性

文化适应性是翻译质量评估的重要标准之一。翻译作品应充分考虑目标语言的文化背景和习惯，避免文化误解或冲突。在评估翻译文化适应性时，可以关注以下几个方面。

（1）文化差异的处理。翻译作品应妥善处理原文中的文化差异，确保译文在目标语言文化背景下具有合理的解释和接受度。

（2）文化敏感性的体现。翻译作品应体现对目标语言文化的敏感性和尊重，避免使用可能引起误解或冒犯的词汇和表达方式。

（3）文化元素的传递。翻译作品应尽可能保留原文中的文化元素，使读者能够感受到原文的文化魅力和特色。

（二）提高翻译效率的方法与技巧

翻译工作往往涉及大量的文本处理和语言转换，如何在保证翻译质量的同时提高翻译效率，是每个译者都面临的问题。本书将从准备工作、技巧运用、工具辅助和持续学习四个方面，说明提高翻译效率的方法与技巧。

1. 充分准备

（1）熟悉翻译材料。在开始翻译之前，先对翻译材料进行全面的了解，包括文本的主题、背景、风格等。这有助于译者更好地理解原文，提高翻译的准确性。

（2）积累专业词汇。针对不同领域的翻译，积累相应的专业词汇和术语是非常必要的。这可以大大减少翻译过程中的查询时间，提高翻译效率。

（3）制订计划。根据翻译任务的紧急程度和复杂程度，制订合理的工作计划。将翻译任务分解为若干个小部分，分阶段进行，有助于保持翻译的连贯性和准确性。

2. 技巧运用

（1）抓住核心意思。在翻译过程中，不要过分纠结于原文的每一个细节，而是要抓住核心意思进行翻译。这样可以在保证翻译质量的同时，提高翻译速度。

（2）简化句式。在翻译时，尽量使用简洁明了的句式，避免过于复杂的语法结构。这有助于减少译文的冗余和歧义，提高译文的可读性和流畅性。

（3）灵活运用翻译技巧。翻译过程中，可以灵活运用一些翻译技巧，如省略、合并、转译等。这些技巧可以帮助译者更好地处理原文中的难点和疑点，提高翻译的准确性和效率。

3. 工具辅助

（1）使用翻译软件。借助翻译软件可以快速获取原文的初步翻译结果，为译者提供重要的参考。同时，翻译软件还可以帮助译者快速查找专业词汇和术语，提高翻译的准确性和效率。

（2）利用术语库和语料库。术语库和语料库是翻译过程中不可或缺的辅助工具。它们可以帮助译者快速查找和确认专业词汇和表达方式，提高翻译的准确性和一致性。

（3）使用辅助编辑工具。使用辅助编辑工具可以帮助译者快速检查和修改译文中的错误和疏漏，提高译文的质量和效率。这些工具通常具有拼写检查、语法检查、格式调整等功能，可以大大减轻译者的工作负担。

4. 持续学习

（1）学习新知识和技能。翻译工作涉及多个领域的知识和技能，译者需要不断学习和更新自己的知识储备。这有助于译者更好地理解原文、提高翻译的准确性和效率。

（2）关注行业动态和最新技术。翻译行业的发展日新月异，译者需要关注行业动态和最新技术，了解最新的翻译方法和技巧。这有助于译者不断提高自己的翻译水平和效率。

（3）与同行交流和学习。与同行交流和学习可以帮助译者了解不同的翻译方法和技巧，拓宽自己的思路和视野。同时，与同行分享自己的经验和教训也可以促进彼此的成长和进步。

五、新兴技术在翻译行业的前景与挑战

（一）人工智能与翻译的结合

随着科技的飞速发展，人工智能（AI）已渗透到我们生活的方方面面，其中翻译领域尤为突出。人工智能与翻译的结合不仅极大地提高了翻译效率，还推动了翻译行业的创新与进步。

1. 人工智能与翻译的结合现状

（1）机器翻译技术的广泛应用。机器翻译是人工智能与翻译结合的最直接体现。借助先进的算法和庞大的语料库，机器翻译能够自动将一种语言的文本转换为另一种语言。目前，机器翻译已广泛应用于各类场景，如电子邮件、社交媒体、新闻报道等。此外，机器翻译也应用于各个领域，如商业领域中企业在进行跨国业务时，机器翻译可用于翻译商务合同、产品说明书、市场调研报告、商业邮件等文件。这有助于企业快速理解合作伙伴的需求和意图，降低沟通成本，提高业务拓展的效率。新闻传媒领域也常有机器翻译的涉足，如在

影视作品的制作和传播中，机器翻译用于字幕翻译。观众可以通过字幕理解外语影片的内容，促进了不同国家和地区之间的影视文化交流。一些短视频平台也会利用机器翻译为海外短视频添加字幕，方便国内用户观看。

近几年，机器翻译也在学术领域多为应用。科研人员可以借助机器翻译快速阅读和理解国外的学术文献，了解国际上的最新研究成果和学术动态。这有助于拓宽研究视野，提高学术研究的水平和效率。例如，医学领域的科研人员可以通过机器翻译了解国外最新的医学研究进展。

（2）智能翻译辅助工具的发展。除了机器翻译外，智能翻译辅助工具也为译者提供了极大的便利。这些工具可以帮助译者快速查找专业词汇、检查语法错误、调整文本格式等。通过智能翻译辅助工具，译者可以更加高效地完成翻译任务。在语言教学中，智能翻译辅助工具成为教师和学生的重要帮手。教师可以利用翻译工具制作教学材料、进行课堂讲解，学生可以使用翻译工具进行自主学习、完成作业和参加考试。此外，智能翻译辅助工具还可以用于在线教育平台，实现跨语言的教学和学习。

（3）语音翻译技术的突破。近年来，语音翻译技术也取得了突破性的进展。借助人工智能技术，语音翻译系统能够实时将语音转换为文本，并进行多语言之间的转换。这极大地推动了跨语言交流的发展。随着神经网络技术不断发展，使语音翻译模型能够更好地理解语言的语法、语义和语境。大量的语料训练让模型可以自动学习语言中的复杂模式和规律，从而更准确地进行翻译。例如，一些先进的语音翻译系统能够根据上下文信息对翻译结果进行调整，避免因歧义而产生错误，大大提高了翻译的准确率。此外，随着芯片技术的不断进步，处理器的计算能力大幅增强，能够快速处理语音翻译过程中的大量数据和复杂计算。这使得语音翻译系统可以在更短的时间内完成翻译任务，提高了翻译的实时性。例如，一些智能翻译设备采用了专门的语音处理芯片，能够快速准确地将语音转换为文字并进行翻译。

2. 人工智能与翻译结合的优势

（1）提高翻译效率。人工智能驱动的翻译工具能够在极短的时间内处理大量的文本内容。无论是长篇的小说、复杂的技术文档，还是海量的网页信息，都可以快速得到翻译结果。例如，在新闻媒体行业，能够快速翻译国外的即时新闻稿，让国内的编辑人员及时获取信息进行编辑发布；企业在处理跨国业务的文件、合同等大量文本时，也能借助人工智能翻译快速了解文件内容，提高工作效率。相比之下，人工翻译处理大量文本需要耗费大量的时间和精力。

（2）降低翻译成本。人工智能技术的应用也降低了翻译成本。通过机器翻译和智能翻译辅助工具，可以减少对人工译者的依赖，从而降低翻译成本。特别是对于一些重复性高、难度较低的翻译任务，如日常的邮件、简单的公告等，人工智能翻译可以完全胜任，避免了雇用大量人工翻译人员的费用支出。同时，这些技术还可以提高翻译的准确性和一致性，进一步降低后期修改和校对的工作量。

（3）推动翻译行业创新。人工智能与翻译的结合推动了翻译行业的创新。借助先进的技术手段，翻译行业可以探索新的业务模式和服务方式，如在线翻译平台、智能翻译 APP 等。这些创新不仅丰富了翻译行业的生态，也为用户提供了更加便捷和高效的翻译服务。

3. 面临的挑战与问题

（1）机器翻译的局限性。尽管机器翻译作为一种自动将一种语言转换为另一种语言的技术，已经取得了很大的进展，但它仍然存在一定的局限性。例如，机器翻译在处理复杂句式、专业术语和文化差异等方面还存在一定的困难。机器翻译在处理有歧义的句子时，往往无法像人一样消除歧义。例如，“咬死了猎人的狗”，这个表达可以理解为“狗咬死了猎人”或“某种猛兽咬死了猎人的狗”，机器翻译在这方面难以做到准确翻译。此外，机器翻译难以根据上下文和语境进行灵活调整。例如，在影视作品中，翻译的文字需要在瞬间呈现给观众，同时受到屏幕空间限制，机器翻译在这方面的适应性不足。

（2）数据隐私和安全问题。在人工智能与翻译结合的过程中，数据隐私和安全问题也不容忽视。由于翻译过程需要处理大量的文本数据，因此如何保护用户数据的隐私和安全成了亟待解决的问题。这主要体现在以下几个方面。

①数据收集和监控。AI 翻译系统需要大量的语言数据来进行训练和学习，这可能涉及用户的私人信息、敏感数据和行为习惯等。如果没有有效的隐私保护措施，这些信息可能被泄露或滥用。

②用户隐私泄露。在使用 AI 翻译服务时，用户输入的文本内容可能会被用于训练和改进翻译模型。如果这些数据没有得到合适的加密和保护，可能导致用户隐私泄露。

③数据地域性和文化差异。不同国家和地区对数据隐私和安全的法律规定不同。在将 AI 技术应用于翻译过程中，需要考虑不同地区的法律法规，以确保合规性。

④人工智能决策偏见。AI 翻译模型可能受到训练数据的偏见影响，导致在某些场景下产生带有歧视性的翻译结果。这可能涉及伦理和隐私问题，尤其是在涉及政治、社会和文化敏感内容的翻译中。

⑤数据跨境传输。将用户数据传输至其他国家进行处理和分析可能导致数据隐私和安全风险。在这些国家，数据保护法规可能不同，甚至存在监控和泄露用户数据的隐患。

⑥云计算和边缘计算安全。AI 翻译服务通常依赖于云计算或边缘计算技术。在这些平台上，数据安全和隐私保护成为关键问题。如果没有采取适当的安全措施，可能导致数据泄露和滥用。

⑦加密和身份验证。为确保数据隐私和安全，AI 翻译系统应采用加密技术对数据进行保护。同时，还需实施身份验证和访问控制措施，以防止未经授权的用户获取敏感数据。

⑧用户数据透明度。AI 翻译系统应当向用户透明地展示数据收集、处理和使用的目的，以及可能存在的风险。这将有助于提高用户对数据隐私和安全的信心。

⑨紧急应对措施。在面临网络安全攻击、数据泄露等紧急情况时，AI 翻译系统应具备及时响应和处理的能力，以减轻潜在的隐私和安全风险。

综上所述，在人工智能与翻译结合的过程中，数据隐私和安全问题涉及多个方面。要确保数据隐私和安全，需要从技术、法律、伦理和管理等多方面制定相应的措施和策略。

4. 未来发展趋势

（1）深度学习与翻译的结合。随着深度学习技术的不断发展，未来人工智能与翻译的结合将更加紧密。深度学习技术可以帮助机器翻译更好地理解和处理复杂句式和专业术语，提高翻译的准确性和流畅性。例如，预训练语言模型是一种通过大规模无监督语料库训练得到的模型，它可以为机器翻译任务提供丰富的语言知识。近年来，预训练语言模型（如 BERT、GPT 等）在翻译任务中取得了显著的成果。通过将预训练语言模型与翻译模型相结合，可以进一步提高翻译的准确性。此外，值得一提的是端到端学习。这是一种直接将输入序列映射为输出序列的学习方法。与传统的短语翻译方法相比，端到端学习可以避免烦琐的词典和规则构建，降低人工干预的成本。谷歌、百度和微软等公司在机器翻译实践中都采用了端到端学习方法。

（2）多模态翻译的发展。随着科技的不断进步，翻译行业也在不断发展。传统的翻译主要依赖于文本形式，将一种语言转化为另一种语言。然而，在未来，翻译将不再局限于文本形式，而是向多模态方向发展。这意味着翻译服务将涵盖更多种类的内容和形式，为用户提供更加直观和便捷的体验。例如，图像翻译。这是将一种语言的图像内容转化为另一种语言的图像内容。这种翻译形式借助了人工智能技术，如图像识别和自然语言处理等。用户可以通过拍照、上传图片等方式获取需要翻译的图像，系统则会自动识别图像中的文字并进行翻译。这种翻译形式适用于各类场景，如旅游、商务、广告等。

此外，还有视频翻译。它是将一种语言的视频内容转化为另一种语言的视频内容。这种翻译形式需要对音频和字幕进行处理。系统可以识别视频中的语音和文字，然后将其翻译成目标语言。视频翻译适用于各类影视作品、宣传片、教育培训等场景。通过视频翻译，用户可以更轻松地理解和欣赏原汁原味的外国影片。

除了图像翻译和视频翻译之外，未来翻译还将涵盖更多形式，如语音翻译、手语翻译、表情翻译等。这些多模态翻译形式结合了自然语言处理、计算机视觉、语音识别等技术，为用户提供更加丰富和多样的翻译服务。

多模态翻译技术面临着诸多挑战，如跨语言处理、语境理解、多媒体信息处理等。随着人工智能技术的不断发展，这些问题将逐步得到解决。同时，多模态翻译也为各类技术提供了广泛的应用场景，如自然语言处理、计算机视觉等。这些技术将在未来翻译领域发挥关键作用。

（3）个性化翻译服务的推广。正如前几章提及的个性化或定制化翻译服务，随着用户需求的不断升级，个性化翻译服务将成为未来的发展趋势。通过人工智能技术，翻译系统可以根据用户的偏好和需求进行智能推荐和定制服务，提高用户的满意度和忠诚度。

（二）区块链技术在翻译行业的应用

传统的翻译模式在效率、质量、版权保护等方面面临着诸多挑战。近年来，区块链技术的兴起为翻译行业带来了全新的机遇。区块链技术以其去中心化、不可篡改、透明可追溯等特性，为翻译行业提供了更高效、更安全、更可靠的解决方案。

1. 区块链技术在翻译行业的应用

（1）智能合约与翻译交易。区块链技术中的智能合约功能，使得翻译交易更加便捷、高效。通过智能合约，翻译需求方和翻译服务提供方可以在区块链平台上直接进行交易，无须第三方中介。智能合约可以自动执行翻译服务的支付、验收等流程，大大提高了交易效率。同时，智能合约还可以确保交易过程的透明度和公正性，避免了传统翻译交易中可能出现的欺诈和纠纷。

（2）分布式账本与翻译质量监控。区块链技术的分布式账本功能，使得翻译质量监控更加可靠。在区块链平台上，翻译任务的分配、进度、质量等信息都会被记录在一个去中心化的分布式账本中。这样，翻译需求方可以随时查看翻译任务的进度和质量，确保翻译服务的及时性和准确性。同时，分布式账本还可以确保翻译质量监控的公正性和客观性，避免了传统翻译质量监控中可能出现的偏见和主观性。

（3）加密技术与版权保护。区块链技术的加密技术功能，为翻译版权保护提供了有力的支持。通过区块链平台，翻译作品的版权信息可以被永久地记录在区块链上，并且具有不可篡改的特性。这样，一旦有侵权行为发生，版权所有者可以迅速追溯到侵权源头，并采取相应的法律措施。此外，区块链平台还可以为翻译作品提供数字水印和版权认证服务，进一步增强了翻译作品的版权保护能力。

（4）信任机制与译者信誉评估。区块链技术的信任机制功能，为译者信誉评估提供了全新的解决方案。在区块链平台上，译者的翻译质量、交付时间、客户评价等信息都会被永久地记录在区块链上，并且具有透明可追溯的特性。这样，翻译需求方可以轻松地查看译者的历史记录和客户评价，从而更加准确地评估译者的信誉和能力。同时，区块链平台还可以为译者提供信誉积分和排名机制，激励译者提高翻译质量和客户满意度。

2. 区块链技术对翻译行业的创新与变革

区块链技术的应用为翻译行业带来了诸多创新与变革。首先，区块链技术提高了翻译交易的效率和公正性，降低了交易成本，使得翻译服务更加便捷、高效。其次，区块链技术为翻译质量监控提供了可靠的支持，确保了翻译服务的及时性和准确性。再次，区块链技术为翻译版权保护提供了有力的支持，保护了译者的合法权益。最后，区块链技术为译者信誉评估提供了全新的解决方案，激励译者提高翻译质量和客户满意度。

第十章

跨文化商务翻译实践与发展

一、跨文化商务翻译的实践案例分享

（一）成功翻译案例的经验总结

在翻译行业中，成功的翻译案例不仅展示了译者的专业技能和语言能力，更体现了其对翻译工作的深刻理解与独特见解。以下是一个成功翻译案例的经验总结，旨在探讨其背后的关键要素和启示。

1. 案例背景

本次翻译案例涉及一份重要的商业合同，合同内容复杂，涉及多个专业领域和法律条款。译者团队在接到任务后，迅速制订了详细的翻译计划，并严格按照计划执行，最终在规定的时间内完成了高质量的翻译。

2. 成功要素分析

（1）专业能力与语言技能。在翻译过程中，译者团队展现出了卓越的专业能力和语言技能。他们不仅精通源语言和目标语言，还具备丰富的专业知识和行业经验。这使得他们在处理专业术语和法律条款时能够准确把握其含义和用法，从而保证了翻译的准确性和专业性。

（2）团队协作与沟通能力。团队协作和沟通能力是本次翻译成功的关键。译者团队在翻译过程中保持密切的沟通和协作，及时分享翻译心得和遇到的问题。他们通过讨论和协商，共同解决了翻译中的难点和疑点，确保了翻译质量和进度。此外，他们还与合同双方保持良好的沟通，及时获取反馈并调整翻译策略，以满足客户的需求。

（3）严谨的工作态度与细致的工作流程。严谨的工作态度和细致的工作流程是本次翻译成功的重要保障。译者团队在翻译过程中严格遵守翻译规范和流程，对每一个词汇、句子和段落都进行了仔细推敲和打磨。他们注重细节，力求做到精益求精，从而保证了翻译的准确性和流畅性。此外，他们还进行了多次校对和审核，确保翻译质量符合客户要求。

（4）灵活应对与创新能力。在翻译过程中，译者团队展现出了灵活应对和创新能力。他们不仅能够根据合同的具体内容和特点选择合适的翻译方法和策略，还能在遇到难题时迅速调整思路并找到解决方案。这种灵活性和创新能力使得他们在面对复杂多变的翻译任务时能够游刃有余地应对。

3. 经验总结与启示

（1）不断提升专业能力和语言技能。作为译者，要不断提升自己的专业能力和语言技能。这包括学习新的专业知识、掌握新的语言技巧和了解行业最新动态。只有不断提高自己的综合素质，才能在翻译工作中更好地应对各种挑战。

（2）加强团队协作与沟通能力。团队协作和沟通能力是翻译工作中不可或缺的能力。译者要学会与同事和客户保持良好的沟通和协作关系，及时分享信息、解决问题并达成共识。这有助于提高工作效率、保证翻译质量并增强客户满意度。

（3）保持严谨的工作态度与细致的工作流程。严谨的工作态度和细致的工作流程是翻译质量的保证。译者要严格遵守翻译规范和流程，注重细节并力求做到精益求精。同时要进行多次校对和审核以确保翻译质量符合客户要求。

（4）培养灵活应对与创新能力。在翻译工作中要培养灵活应对和创新能力。这包括根据具体任务选择合适的翻译方法和策略、在遇到难题时迅速调整思路并找到解决方案以及不断尝试新的翻译技巧和方法以提高翻译质量和效率。

（二）失败案例的教训与反思

在翻译工作中，尽管我们力求完美，但失败案例依然难以避免。这些失败案例不仅让我们深刻认识到自身的不足，更为我们提供了宝贵的教训和反思的机会。以下是一个失败翻译案例的教训与反思，旨在探讨其背后的原因，并提出相应的改进措施。

1. 案例背景

本次失败案例涉及一篇科技论文的翻译。由于时间紧迫和专业知识储备不足，译者在翻译过程中遇到了诸多困难，导致最终的翻译成果质量低下，无法满足客户的要求。

2. 失败原因分析

（1）时间紧迫，缺乏充分准备。在本次翻译任务中，由于时间紧迫，译者没有足够的时间进行充分的准备工作。他们未能提前熟悉论文的专业领域和背景知识，导致在翻译过程中频繁遇到专业术语和复杂句式的困扰。此外，由于时间紧迫，译者也没有足够的时间进行校对和审核，进一步降低了翻译质量。

（2）专业知识储备不足。科技论文的翻译要求译者具备扎实的专业知识和丰富的行业经验。然而，在本次翻译任务中，译者的专业知识储备明显不足。他们在遇到专业术语和复杂句式时无法准确理解其含义和用法，导致翻译出现偏差和错误。此外，由于专业知识储备不足，译者在翻译过程中也难以准确把握论文的逻辑结构和思想内涵。

（3）沟通不畅，理解偏差。在翻译过程中，译者与客户之间的沟通至关重要。然而，在本次翻译任务中，由于沟通不畅，译者对客户的具体要求和期望存在理解偏差。这导致译者在翻译过程中未能充分考虑到客户的实际需求，从而产生了不符合客户要求的翻译成果。

3. 教训与反思

（1）充分准备，预留足够时间。针对时间紧迫的问题，我们应该在接到翻译任务后尽快进行充分的准备工作。这包括提前熟悉论文的专业领域和背景知识、了解客户的具体要求和期望以及制订详细的翻译计划。同时，我们应该预留足够的时间进行校对和审核，确保翻译质量符合客户要求。

（2）加强专业知识学习，提升翻译能力。针对专业知识储备不足的问题，我们应该加强专业知识的学习和积累。这包括阅读相关领域的书籍、论文和资料、参加专业培训和交流活动等。通过不断学习和实践，我们可以提升自己的专业素养和翻译能力，从而更好地应对各种翻译任务。

（3）加强沟通，明确客户需求。针对沟通不畅的问题，我们应该加强与客户之间的沟通。在翻译过程中，我们应该及时与客户保持联系，了解他们的具体要求和期望。同时，我们应该积极向客户请教和反馈，确保翻译成果符合客户的实际需求。

二、跨文化商务翻译的行业动态与趋势

（一）商务翻译市场的变化与机遇

近年来，人工智能、机器翻译等技术的快速发展，极大地推动了商务翻译效率的提升。这些技术能够迅速处理大量文本，并在一定程度上实现自动化翻译。虽然机器翻译尚不能完全替代人工翻译，但它已经能够承担一部分简单、重复性的翻译工作，从而解放了译者的生产力，让他们有更多的精力投入更复杂、更专业的翻译任务中。

随着国际贸易的日益复杂化和多元化，商务翻译市场需求也呈现出多样化、个性化的趋势。不同行业、不同领域的翻译需求各具特色，要求译者具备更加广泛的专业知识和语言技能。同时，客户对翻译服务的质量和效率也提出了更高的要求，他们期望得到更加精准、流畅、专业的翻译成果。随着翻译行业的不断发展，越来越多的翻译公司和个人涌入市场，导致市场竞争日益激烈。为了在竞争中脱颖而出，翻译公司和个人需要不断提高自己的服务质量和专业水平，以满足客户的个性化需求。

尽管技术革新对翻译行业带来了一定的冲击，但同时也为翻译从业者提供了更多的发展机遇。例如，利用机器翻译等技术可以辅助人工翻译，提高翻译效率和质量；同时，也可以结合自然语言处理、大数据等技术，开发更加智能、高效的翻译工具和服务，以满足客户的多样化需求。

商务翻译市场需求的多样化、个性化趋势为翻译从业者提供了更多的业务拓展机遇。他们可以通过深入了解不同行业、不同领域的翻译需求，不断拓宽自己的专业领域和服务范围。同时，也可以结合市场需求，开发具有针对性的翻译产品和服务，以满足客户的个性化需求。

随着全球化的不断深入，国际交流日益频繁，商务翻译市场的国际化趋势也越来越明显。这为翻译从业者提供了更多的国际交流机会和平台，让他们能

够接触更多的国际客户和合作伙伴。通过国际交流，翻译从业者可以了解不同国家和地区的文化、法律、商业环境等方面的信息，提高自己的跨文化交际能力，为未来的翻译工作打下坚实的基础。

（二）商务翻译行业的发展趋势

1. 技术驱动的智能化翻译

技术革新是商务翻译行业发展的重要驱动力。随着人工智能、机器翻译等技术的快速发展，智能化翻译已经成为商务翻译行业的重要趋势。这些技术能够高效处理大量文本，快速完成初步翻译，并在一定程度上减少人工翻译的工作量。同时，智能翻译技术还能够不断学习和优化，提高翻译的准确性和流畅性。然而，值得注意的是，尽管机器翻译技术取得了显著进步，但在某些专业领域和复杂语境下，人工翻译仍具有不可替代的优势。因此，未来的商务翻译行业将更加注重人机协同，发挥各自的优势，共同提高翻译效率和质量。

2. 专业化与精细化发展

随着商务翻译市场的日益成熟，客户对翻译服务的要求也越来越高。他们期望得到更加专业、精细的翻译成果，以满足特定行业或领域的需求。因此，商务翻译行业将逐渐走向专业化与精细化发展。

专业化发展意味着翻译从业者需要深入了解特定行业或领域的知识，掌握专业术语和表达方式。只有这样，他们才能准确理解原文的含义，并将其翻译成符合目标语言文化和行业规范的译文。同时，专业化发展还要求翻译从业者具备跨学科的知识背景，以便更好地应对复杂多变的翻译任务。

精细化发展则要求翻译从业者注重细节和品质，追求精益求精。他们需要关注译文的准确性、流畅性和可读性，确保译文能够准确传达原文的信息和意图。此外，精细化发展还要求翻译从业者注重客户体验和服务质量，为客户提供更加周到、贴心的服务。

3. 国际交流与合作加强

随着全球化的深入发展，国际交流与合作已经成为商务翻译行业的重要趋势。翻译从业者需要具备跨文化交际能力，了解不同国家和地区的文化、法律、商业环境等方面的信息，以便更好地为客户提供服务。

同时，国际交流与合作也为商务翻译行业带来了更多的机遇。通过参加国际会议、展览等活动，翻译从业者可以结交来自世界各地的同行和合作伙伴，了解最新的行业动态和技术发展。此外，国际交流与合作还可以促进不同国家和地区之间的文化交流和互鉴，推动商务翻译行业的创新和发展。

4. 服务多元化与个性化

随着市场需求的多样化和个性化趋势，商务翻译行业也将逐渐走向服务多元化与个性化发展。翻译从业者需要根据客户的具体需求和期望，提供定制化的翻译服务。例如，为客户提供多语种翻译、口译、笔译、本地化等服务；或者根据客户的行业特点和需求，提供针对性的翻译解决方案。这些服务能够更好地满足客户的个性化需求，提高客户满意度和忠诚度。

商务翻译行业正面临着前所未有的发展机遇。翻译从业者需要不断学习和创新，紧跟行业发展趋势，提高自身的专业素养和语言能力，为客户提供更加优质、专业的翻译服务。同时，也需要关注市场需求的变化和客户的期望，不断拓展服务领域和范围，推动商务翻译行业的持续发展和繁荣。

三、跨文化商务翻译的能力培养与提升

（一）翻译能力评估与自我提升

在翻译领域，翻译能力不仅是语言转换的技巧，更是一种综合能力的体现。随着全球化的深入发展，翻译行业对从业者的能力要求也越来越高。因此，对翻译能力进行准确评估，并在此基础上进行自我提升，成为每位翻译从业者必须面对的重要任务。

1. 翻译能力评估

翻译能力评估是提升翻译水平的基础。一个全面的评估不仅能帮助我们认识自己的长处和不足，还能为我们有针对性地制订提升计划提供依据。

（1）语言能力评估。翻译的核心是语言转换，因此语言能力是评估翻译能力的基础。评估自己的语言能力时，可以从词汇量、语法掌握、语言表达能力等方面入手。通过对比母语和目标语之间的差异，我们可以更准确地了解自己的语言水平，从而有针对性地进行提高。

（2）专业知识评估。在商务翻译中，专业知识的重要性不言而喻。评估自己的专业知识水平时，可以关注自己所擅长的领域和薄弱环节。通过查阅相关资料、参加专业培训等方式，我们可以不断拓宽自己的知识领域，提高翻译质量。

（3）跨文化交际能力评估。翻译不仅仅是语言转换，更是文化交流的桥梁。因此，跨文化交际能力也是评估翻译能力的重要方面。我们可以从文化敏感性、文化适应性等方面入手，评估自己在跨文化交际中的表现。通过了解不同文化背景下的思维方式、价值观念等方面的差异，我们可以更好地进行翻译实践。

（4）实践能力评估。翻译能力最终需要在实践中得到检验。我们可以从翻译速度、翻译质量、客户满意度等方面评估自己的实践能力。通过参与实际项目、接受客户反馈等方式，我们可以发现自己的不足之处，并有针对性地进行改进。

2. 自我提升

在准确评估自己的翻译能力后，我们需要有针对性地制订自我提升计划。

（1）加强语言学习。针对语言能力方面的不足，我们可以通过阅读、听力、口语等方式加强语言学习。选择适合自己水平的阅读材料、听力材料，积极参与口语练习，不断提高自己的语言水平。

（2）拓宽专业知识。针对专业知识方面的不足，我们可以通过查阅相关书籍、参加专业培训等方式拓宽自己的知识领域。关注行业动态和最新技术发展，不断更新自己的知识储备。

（3）提高跨文化交际能力。针对跨文化交际能力方面的不足，我们可以通过阅读跨文化交流方面的书籍、参加相关培训等方式提高自己的文化敏感性和适应性。了解不同文化背景下的思维方式、价值观念等方面的差异，以便更好地进行翻译实践。

（4）加强实践锻炼。翻译能力最终需要在实践中得到锻炼和提高。我们可以积极参与实际项目，通过不断实践提高自己的翻译速度和质量。同时，关注客户反馈和需求，不断改进自己的翻译服务。翻译能力评估与自我提升是翻译从业者必须面对的重要任务。通过准确评估自己的翻译能力，并有针对性地制订自我提升计划，我们可以不断提高自己的翻译水平，为客户提供更加优质、专业的翻译服务。

（二）商务翻译培训与认证

在商务翻译行业中，仅仅依靠个人的自我提升是远远不够的。随着行业标准的不断提高和市场竞争的加剧，商务翻译培训与认证逐渐成了从业者提升自身竞争力、确保翻译质量的重要途径。

1. 商务翻译培训与认证的重要性

（1）提升专业水平。商务翻译培训与认证通过系统的课程学习和实践锻炼，帮助从业者深入理解商务翻译的理论和实践知识，掌握专业的翻译技巧和工具。这不仅有助于提升从业者的语言能力和专业知识水平，还能帮助他们更好地应对复杂多变的商务翻译场景，提高翻译质量和效率。

（2）符合行业标准。商务翻译培训与认证通常遵循国际和行业内的标准与规范，确保从业者具备符合行业标准的专业能力和素质。通过培训与认证，从业者可以获得行业内的认可和信任，提升个人声誉和竞争力。

（3）拓展职业发展。商务翻译培训与认证不仅为从业者提供了专业知识和技能的提升，还为他们打开了更广阔的职业发展空间。通过培训与认证，从业者可以接触更多的商务翻译项目，积累更多的实践经验，逐步成为行业内的专家和领袖。学会商务翻译有助于顺应行业发展趋势，为自己在职场中争取更多机会。此外，掌握商务翻译技能还可以帮助企业拓展海外市场，提高国际竞争力。

（4）增加就业竞争力。随着我国对外开放程度的不断加深，商务翻译人才的需求逐渐增加。拥有商务翻译认证证书的人在求职过程中更具竞争力，能够获得更多的工作机会。此外，商务翻译认证证书也是评价译者专业水平的重要依据，有利于提高个人声誉和地位。

2. 如何有效地进行商务翻译培训与认证

（1）选择合适的培训机构。选择合适的培训机构是商务翻译培训与认证的第一步。从业者应该选择具有丰富教学经验和专业资质的培训机构，如知名高校、翻译协会或专业培训机构等。这些机构通常拥有优质的教学资源和师资力量，能够提供系统、全面的商务翻译培训课程。

（2）制订个性化的学习计划。每个人的学习需求和背景都不同，因此制订个性化的学习计划至关重要。从业者应该根据自己的实际情况和职业规划，选择适合自己的培训课程和学习方式。同时，要注重理论与实践相结合，通过实践锻炼加深对理论知识的理解和掌握。

（3）注重实践经验的积累。商务翻译培训与认证不仅关注理论知识的学习，更注重实践经验的积累。从业者应该积极参与实际项目，通过实践锻炼提高自己的翻译能力和素质。同时，要关注客户反馈和需求，不断改进自己的翻译服务，提升客户满意度。

（4）获取专业认证。在完成商务翻译培训课程后，从业者可以考虑获取专业认证。这些认证通常由行业内的权威机构颁发，能够证明从业者具备符合行业标准的专业能力和素质。获取专业认证不仅可以提升从业者的个人声誉和竞争力，还可以为他们带来更多的职业机会和发展空间。

（5）持续学习与自我提升。商务翻译培训与认证是一个持续的过程。从业者应该保持持续学习的态度，关注行业动态和最新技术发展，不断更新自己的知识和技能。同时，要注重自我反思和总结，发现自己的不足之处并制订改进计划，实现自我提升和发展。

四、跨文化商务翻译中的团队协作与沟通

（一）团队协作在翻译项目中的重要性

翻译项目的质量是衡量其成功与否的重要标准。团队协作能够确保翻译的

准确性、一致性和流畅性。团队成员之间通过相互讨论、校对和修改，可以发现并纠正翻译中的错误和疏漏，从而提高翻译质量。此外，团队成员的专业知识和经验也能够相互补充，使翻译更加准确、地道。团队协作能够充分发挥每个成员的优势和特长，使翻译工作更加高效。在翻译项目中，不同的成员可能擅长不同的领域和语言，通过团队协作，可以将任务分配给最适合的成员，提高工作效率。同时，团队成员之间的交流和协作也能够避免重复劳动和浪费资源，进一步缩短项目周期。团队协作能够增强翻译项目的灵活性。在翻译过程中，可能会遇到各种预料之外的情况和问题，如客户要求变更、时间紧迫等。团队协作能够迅速应对这些变化，调整工作计划和任务分配，确保项目按时完成。此外，团队成员之间的互补性也能够在遇到难题时提供多种解决方案，提高项目的应变能力和适应性，团队协作能够促进团队成员之间的知识共享与传承。在翻译项目中，每个成员都会积累一定的专业知识和经验。通过团队协作，这些知识和经验可以在团队内部得到共享和传播，提高整个团队的翻译水平和能力。同时，团队成员之间的交流和合作也能够促进新知识和新技能的产生和发展，为翻译项目的长期发展提供有力支持。

团队协作能够加强团队凝聚力。在翻译项目中，团队成员需要共同面对各种挑战和困难。通过相互支持、协作和配合，团队成员之间能够建立起深厚的信任和友谊。这种凝聚力和信任能够使团队成员更加紧密地团结在一起，共同为项目的成功而努力。同时，团队协作也能够激发团队成员的积极性和创造力，使他们更加投入地参与工作，提高整个团队的绩效和竞争力。

团队协作对于提升客户满意度也具有重要意义。一个成功的翻译项目不仅需要高质量的翻译成果，还需要良好的客户沟通和反馈机制。团队协作能够使团队成员更加关注客户的需求和反馈，及时调整工作方向和策略，以满足客户的期望和要求。同时，团队成员之间的默契和协作也能够提高与客户的沟通效率和质量，进一步提升客户满意度和忠诚度。

（二）跨文化商务翻译中的沟通策略

在跨文化商务翻译中，了解目标文化是至关重要的。译者需要深入研究目标文化的语言特点、商务习惯、社会礼仪、价值观等方面，以便更好地理解和翻译原文。通过深入了解目标文化，译者可以更加准确地传达原文信息，避免因为文化差异而引发的误解和冲突。

文化差异是跨文化商务翻译中不可避免的问题。在翻译过程中，译者需要尊重文化差异，避免将自己的文化观念强加于目标文化。当遇到文化差异时，译者应该采取适当的翻译策略，如直译、意译、增译、减译等，以确保原文信息的准确传达。同时，译者还需要注意避免使用具有冒犯性或歧义的词汇和表达方式，以免引起不必要的误解和冲突。

在跨文化商务翻译中，保持语言清晰准确是基本要求。译者需要使用准确、规范的词汇和语法结构，确保翻译文本的准确性和可读性。同时，译者还需要注意避免使用过于复杂或模糊的词汇和表达方式，以免给目标读者带来阅读困难。此外，译者还需要关注翻译文本的连贯性和逻辑性，确保整个文本在逻辑上连贯、在结构上清晰。

在跨文化商务翻译中，细节处理是至关重要的。译者需要关注原文中的细节信息，如数字、日期、单位、专有名词等，确保这些信息的准确翻译。同时，译者还需要注意翻译文本中的格式和排版问题，如字体、字号、行距、段落等，以确保翻译文本的美观和易读性。此外，译者还需要注意翻译文本中的标点符号和语法错误等问题，避免给读者带来阅读困扰。

在跨文化商务翻译中，加强沟通与合作是确保翻译质量的关键。译者需要与原文作者、目标读者以及项目团队保持密切的沟通和合作。通过与原文作者的沟通，译者可以了解原文的背景和意图，确保翻译的准确性；通过与目标读者的沟通，译者可以了解目标读者的需求和期望，以便更好地满足他们的要求；通过与项目团队的沟通，译者可以了解项目的整体进度和要求，确保翻译工作的顺利进行。同时，译者还需要与团队成员密切合作，共同解决翻译过程中遇到的问题和困难。

跨文化商务翻译是一个不断学习和提升的过程。随着国际商务交流的不断发展，新的词汇、表达方式和文化现象不断涌现。因此，译者需要保持持续学习和提升的态度，不断提高自己的语言能力和翻译水平。通过参加培训、阅读相关书籍和文章、与同行交流等方式，译者可以不断拓宽自己的知识面和视野，提高自己的跨文化商务翻译能力。

跨文化商务翻译中的沟通策略包括深入了解目标文化、尊重文化差异、保持语言清晰准确、注重细节处理、加强沟通与合作以及持续学习与提升等方面。这些策略有助于提高翻译质量，促进国际商务交流的顺利进行。

五、跨文化商务翻译的未来展望

（一）技术发展对翻译行业的影响

技术发展对翻译行业产生了深远的影响，这些影响不仅改变了翻译工作的本质，也重塑了行业的未来走向。以下是技术发展对翻译行业的主要影响。

1. 提高翻译效率

随着技术的发展，翻译工具和软件越来越智能化，大大提高了翻译速度和准确性。例如，机器翻译系统、计算机辅助翻译工具等，这些技术在一定程度上减少了人力成本，提高了翻译效率。人工智能和机器学习技术的引入，使得机器翻译系统能够处理大量的翻译任务，极大地提高了翻译效率。混合式翻译系统结合了人工智能技术与传统翻译方法，进一步提高了翻译的准确性和速度。

2. 提升翻译质量

人工智能技术在翻译领域的应用越来越广泛，如神经机器翻译、情感翻译等，通过不断学习和调整翻译模型，这些技术在一定程度上能够更好地满足翻译需求，提高翻译质量，实时翻译设备的发展和移动应用的普及，使得翻译更为准确和便捷，提升了翻译质量。

3. 挑战传统翻译模式

机器翻译的进步对传统的人工翻译模式带来了挑战。在某些场景下，机器翻译能够快速准确地完成翻译任务，但也可能因为缺乏语境和领域知识而产生误译。随着技术的发展，翻译服务也不再局限于书面文字，还包括语音、手语等多种形式。这为有特殊需求的客户提供了更多便利，拓宽了翻译行业的服务范围。

4. 推动行业专业化

随着技术的发展，翻译行业越来越专业化。医疗、法律、金融等领域的翻译需求增加，要求翻译人员具备相应的专业知识。此外，技术创新不断推动翻译行业向前发展，新的翻译技术和方法不断涌现，如实时翻译、AR/VR 翻译等。这些新技术有望为翻译行业带来更多突破性进展。

5. 提供个性化服务

大数据和人工智能技术可以根据客户的喜好和需求提供定制化的翻译服务。这有助于满足不同客户的特殊需求，提高客户满意度。企业或个人可以根据客户需求提供定制化的翻译服务，以满足特殊需求。

（二）跨文化商务翻译的未来方向与挑战

1. 未来方向

（1）技术驱动。随着人工智能、机器学习等技术的发展，未来跨文化商务翻译将更加智能化。智能翻译软件和工具的应用将大大提高翻译的速度和准确性。此外，大数据和云计算技术可以帮助翻译工作者更快地获取和处理信息，提高翻译效率。

（2）个性化与定制化。随着全球化进程的加快，越来越多的企业需要进入国际市场。未来跨文化商务翻译将更加注重个性化与定制化，满足不同企业和市场的需求。例如，针对特定行业、领域和目标市场的翻译将更加专业化和精细化。

（3）多语种与多文化融合。随着全球交流的日益频繁，跨文化商务翻译将涉及更多的语种和文化背景。翻译人员需要具备跨文化沟通能力，能够准确理解和传达不同文化背景下的信息。

（4）跨学科整合。跨文化商务翻译需要与其他领域知识相结合，如市场营销、文化研究、心理学等。未来，跨学科整合将成为跨文化商务翻译的重要发展方向，以提供更加全面和专业化的服务。

2. 未来挑战

（1）技术替代与就业压力。随着技术的发展，一些简单的翻译工作可能会被机器翻译系统取代，给翻译人员带来就业压力。翻译人员需要不断提升自己的专业能力和综合素质，以适应行业的变化。

（2）文化差异与误解。不同国家和地区之间的文化差异始终是跨文化商务翻译面临的最大挑战。跨文化商务翻译中，文化差异可能导致信息的误解或歧义。在翻译过程中，如何准确地传达原文的文化内涵和语境，避免文化冲突和误解，仍需不断探索。翻译人员需要深入了解不同文化背景下的语言习惯和表达方式，以确保翻译的准确性和恰当性。

（3）数据安全和隐私保护。在翻译过程中，可能会涉及敏感的商业信息和个人隐私。如何确保数据安全和隐私保护，是跨文化商务翻译面临的重要挑战之一。

（4）适应市场和消费者需求。随着市场日益多元化，消费者对跨文化商务翻译的需求也更加多样化。如何在保证翻译质量的同时，满足不同市场和消费者的需求，是一大挑战。

（5）翻译伦理和版权问题。技术创新也带来了知识产权保护的问题。在翻译过程中，如何确保版权合规成为行业面临的一大挑战。在跨文化商务翻译过程中，如何尊重原作者的知识产权，维护翻译伦理，确保翻译成果的合法性和合规性，也是未来面临的挑战。

总之，跨文化商务翻译在未来将不断发展和变革，机遇与挑战并存。为了应对这些挑战，翻译工作者需要不断提升自身的专业素养和技能，关注行业动态，以便在不断变化的市场环境中为客户提供优质的服务。

参考文献

[1] 李明．商务英汉翻译教程（第二版）[M]．上海：上海外语教育出版社，2021．

[2] 黄育才．跨文化交际实用英语教程 [M]．上海：复旦大学出版社，2019．

[3] 苑春鸣，姜丽．商务英语翻译 [M]．北京：外语教学与研究出版社，2023．

[4] 埃德温·根茨勒．当代翻译理论（第二版修订本）[M]．上海：上海外语教育出版社，2022．

[5] 苏珊·巴斯内特．翻译研究（第四版）[M]．上海：上海外语教育出版社，2022．

[6] 胡文仲．跨文化交际概论 [M]．北京：外语教学与研究出版社，1999．

[7] 冯夏阳，马晴晴．跨文化视角下的商务英语翻译对策研究 [J]．新楚文化，2023（22）：67－70．

[8] 黎海斌．商务人员看广告学英语 [M]．北京：中国纺织出版社，2003．

[9] 张美芳．文本类型、翻译目的及翻译策略 [J]．上海翻译，2013（4）．

[10] 中国翻译协会．2024 中国翻译行业发展报告 [R]．北京：中国翻译协会，2024．

[11] 中国翻译协会．2024 全球翻译行业发展报告 [R]．北京：中国翻译协会，2024．

[12] 彭萍．商务文本翻译尺度的探讨 [J]．上海科技翻译，2004（1）．

［13］ 胡壮麟．语言学教程（第五版）［M］．北京：北京大学出版社，2018．

［14］ 王建国．汉英翻译学：基础理论与实践［M］．北京：中译出版社，2019．

［15］ 耿雪．文本类型理论指导下信息型文本的翻译［D］．牡丹江：牡丹江师范学院，2023．

［16］ 黄慧．国际传播：用外语讲好中国故事［M］．北京：北京理工大学出版社，2024．

［17］ 李素真．语域理论在商务英语阅读中的应用［J］．石油大学学报（社会科学版），2000（1）．

［18］ 文华林，陈绵水．涉外合同的签订与中英文范本［M］．南昌：江西人民出版社，2000．

［19］ 孙有中．理解当代中国：汉英翻译教程［M］．北京：外语教学与研究出版社，2022．

［20］ 王军平．商务英语翻译教程（笔译）第四版［M］．北京：中国水利水电出版社，2023．

［21］ 齐涛云．商务英语翻译教程（口译）第三版［M］．北京：中国水利水电出版社，2022．

［22］ 任杨．新发展国际商务礼仪英语教程［M］．北京：北京理工大学出版社，2021．

［23］ 杜占元．推动国家翻译能力建设服务党和国家工作大局［N］．光明日报，2022 年 4 月 26 日第 6 版．

［24］ 张立玉，陈珞瑜．商务英语谈判（第二版）［M］．北京：高等教育出版社，2023．

［25］ 杨霞．国际商务谈判［M］．上海：华东师范大学出版社，2018．

［26］ 宗成庆，高庆狮．中国语言技术进展［J］．中国计算机学会通讯，2008（8）：41－50．

［27］ 百度翻译，中国外文局翻译院智能翻译实验室．2023 机器翻译技术及产业应用蓝皮书［R］．2023．